図解で早わかり

◆共生型サービスにも対応！◆

介護保険・障害者福祉のしくみ

行政書士
若林 美佳 監修

本書の3大特色

介護保険と障害者福祉の基本や
サービスを1冊に集約。

「高齢者」「障害者」「障害児」が
共に利用できる
共生型サービスのことがわかる

介護保険と関連の深い
医療保険のしくみや
労災保険との優先関係もわかる。

三修社

はじめに

　日本は、高齢化社会が進行しており、高齢者に対する福祉のあり方は重要な社会問題です。また、障害者福祉においても、ノーマライゼーションという考え方が導入され、福祉のあり方が大きく変わろうとしています。

　これらの制度は、それぞれの目的を達成するため、対象となる高齢者や障害者に対するサービスを規定してきました。医療技術の進歩から障害者も長生きすることができるようになるなど、介護保険制度か障害者福祉制度のどちらかだけを理解していては、十分なサービスの提供ができないことがあります。

　そこで、介護保険制度や障害者福祉制度について、横断的に理解をし、どちらの制度も十分に使用できるようにする必要があります。

　本書は、介護保険制度と障害者福祉に関する制度について、基本的な理解を進めることができるように解説しています。まず、本書は、各制度について、全体像を解説し、各制度において提供されるサービスについて詳細に説明しています。それぞれのサービスの特徴を把握し、その同異を理解することは、かえって各制度の理解に役立つでしょう。また、本書は見開き図解で解説をすることにより、より具体的なイメージをつかむことができるように工夫しています。

　本書は、2018年の障害者総合支援法の改正や介護保険制度の改正にも対応しています。また、本書は、共生型サービスについても詳細な解説をしています。共生型サービスは、介護保険制度と障害者福祉制度をより利用しやすくするために制定された制度です。

　本書をご活用いただき、皆様のお役に立てていただければ監修者として幸いです。

監修者　行政書士　若林　美佳

CONTENTS

はじめに

PART 1　介護保険のしくみ

1	介護保険制度の全体像	10
2	介護保険の保険者と被保険者	12
3	介護保険事業計画	16
4	介護保険のサービスを受けるための手続	18
5	要介護認定	20
6	要介護認定の申請を受けるための手続	26
7	ケアプランの作成	28
8	利用者の負担する費用	32
9	介護給付と予防給付	36
10	地域包括ケアシステム	40
11	地域支援事業によるサービスを利用した場合	42
12	どんな施設や住まいがあるのか	44
13	共生型サービス①	48
14	共生型サービス②	54
15	介護保険と医療保険の関係	56
16	介護保険と各種制度の優先関係	58
17	保険外サービスの活用と混合介護	62
Column	介護保険制度の改正はなぜ行われるのか	64

PART 2　介護保険と関係する医療保険のしくみ

1	療養の給付と療養費	66
2	保険外併用療養費	68
3	高額療養費	70
4	高額医療・高額介護合算療養費制度	74
5	入院時食事療養費・生活療養費	76
6	訪問看護療養費と移送費	78
7	後期高齢者医療制度	80
Column	後期高齢者医療制度の成り立ち	82

PART 3　事業者が提供するサービスの種類

1	居宅介護支援・介護予防支援	84
2	訪問介護・訪問入浴介護・居宅療養管理指導	86
3	訪問看護	88
4	訪問リハビリテーション	90
5	通所介護と通所リハビリテーション	92
6	短期入所生活介護と短期入所療養介護	94
7	特定施設入居者生活介護	96
8	福祉用具	98
9	住宅改修	102
10	地域密着型サービス	104

11 介護予防・日常生活支援総合事業 110

12 包括的支援事業 112

13 任意事業 114

Column　民間の介護保険も活用されている 116

PART 4　介護サービス事業を開始するための法律知識

1 事業者 118

2 指定を受けるサービスの種類と手続きの流れ 124

3 介護報酬 128

4 介護サービスの情報公表システム 132

5 介護サービスについて苦情がある場合の不服申立て 134

Column　介護施設で起きる事故の種類 136

PART 5　障害福祉サービスのしくみと利用法

1 障害者に関する法律 138

2 障害者基本法と障害者基本計画 140

3 障害者の対象 142

4 障害者総合支援法に基づく支援 144

5 障害福祉サービスの利用手続きと障害支援区分 148

6 サービスの利用計画の作成 154

7 モニタリング 156

8 サービスを利用するときの費用 158

9	医療型個別減免	160
10	食費・光熱費など軽減措置	162
11	高額障害福祉サービス費	166
12	支給決定や障害支援区分の認定に不服がある場合	168
Column	障害者手帳はどんな場合に交付されるのか	170

PART 6　障害福祉サービスの内容

1	サービスの利用	172
2	居宅介護	176
3	重度訪問介護	178
4	同行援護	180
5	行動援護	182
6	重度障害者等包括支援	184
7	短期入所	186
8	療養介護	188
9	生活介護	190
10	自立訓練	192
11	就労支援	194
12	施設入所支援	198
13	共同生活援助	200
14	自立生活援助・就労定着支援	202
15	医療支援のサービス	204

16 育成医療 206

17 更生医療 208

18 精神通院医療 210

19 補装具等の支援 212

20 相談支援のサービス 216

21 地域生活支援事業 218

22 相談支援事業 222

23 地域自立支援協議会や基幹相談支援センターの役割 224

24 成年後見制度利用支援事業 226

25 意思疎通支援事業 228

26 日常生活用具給付等事業 230

27 障害者総合支援法の居住サポート事業 232

28 障害児に対するサービス 234

29 障害児の日常生活に関する相談 240

Column 地域活動支援センターの活動 242

PART 7 障害福祉サービス事業を開始するための法律知識

1 障害福祉サービス事業開始の手続き 244

2 サービスを提供する事業者の種類 246

3 事業者になるための基準 248

4 サービス管理責任者 252

5 事業者の法定代理受領制度 254

PART 1

介護保険のしくみ

介護保険制度の全体像

事業者は、要介護・要支援の認定を受けた者にサービスを提供する

■ 介護保険とは

　介護保険制度は、被保険者が、介護を必要とする状態になったときに必要なサービスが提供される公的社会保険制度です。

　健康保険や国民健康保険などの医療保険の場合には、保険の適用のある治療を受けると、病院の窓口で保険証を提出すれば、誰でも保険の適用を受けることができます。医療保険とは、加入者が収入に応じて保険料を出し合って、病気になったりケガをしたときに、保険から医療費を支払う制度です。日本の場合は、国民全員が公的医療保険制度に加入するため、国民皆保険と言われています。

　一方、介護保険の場合、誰にでも介護サービスが提供される、というわけではありません。事業者は、市町村へ申請を行った申請者のうち、要介護・要支援の認定を受けた者に対してサービスを提供することになります。市町村（正確には介護認定審査会）に介護サービスを受ける必要がないと判断された場合、要介護・要支援の認定を受けることができず、介護保険を利用したサービスを受けることはできません。認定を受けると、介護が必要な要介護状態にある場合には要介護1～5、要介護ほどではないが支援が必要な要支援状態にある場合には要支援1・2という区分にさらに分けられます。認定を受けた人が実際に受けることのできるサービスは、その区分によって異なりますが、大きく分けると介護給付と予防給付に分けられます。また、自立と認定された場合は、市町村独自の事業サービスを受けることが可能です。

どんな相談窓口があるのか

介護サービスの利用について、市町村に地域福祉課などの担当部署が置かれ、さまざまな相談に応じている。また、要介護・要支援状態の予防や、状態の悪化防止を目的に行う地域支援事業の一環として、地域包括支援センターを設置している。

介護保険制度とは

介護保険制度　介護が必要な人に対して必要なサービスが提供される

①申請　③介護サービス
利用に関する契約

市町村　　　　　　　　　　　介護が必要な人　　　　介護サービス
（介護認定審査会）　②認定　　　　　　　　　　　事業者
（民間事業者など）

〈要介護〉：介護が必要
⇒1〜5に区分
〈要支援〉：支援が必要
⇒1・2に区分
　➡　区分に応じて受けられるサービスが
変わる
⇒大きく介護給付と予防給付に分類

■ なぜ介護保険制度ができたのか

　日本では、高齢化が急速に進んでいます。厚生労働省の統計によると、1950年時点で5％に満たなかった65歳以上の高齢者割合が、2018年では28.1％になっており、過去最高となっています。そして、これからさらに高齢者の割合は上昇するものと考えられています。このような社会状況において、高齢者の適切な介護を保障するため、介護保険制度ができました。

　介護保険制度は、利用者の意思決定を尊重することに目的があります。従来、介護サービスの提供においては、措置制度がとられていました。措置制度とは、利用者が介護サービスの利用を申請した場合、市町村が必要な介護サービスの内容や施設などを判断し、その市町村の判断通りの措置をとるという制度です。措置制度は、介護サービスの内容などについて利用者の意思がほとんど反映されない制度になっていました。

　そこで、介護保険制度では、契約制度を用いています。契約制度は、利用者が介護サービスを受けるにおいて、自ら事業者と契約を締結するという制度です。そのため、利用者の意思が十分に反映されます。また、介護保険制度は、介護サービス事業者として民間企業による運営を認め、競争原理も働いています。

> **介護保険制度が創設されるまで**
>
> 介護保険制度が創設される前までは、家族で高齢者の介護を行うという家庭が多くあった。しかし、女性の社会進出や親の共働きの増加、核家族化など社会のあり方が大きく変化し、高齢者の介護を担う家族がいなくなるという状態が生じるようになり、介護保険制度の創設が必要になった。

> **日本の高齢化の進展**
>
> 高齢社会白書によると、2065年には約2.6人に1人が65歳以上、約3.9人に1人が75歳以上になると推計されている。

介護保険の保険者と被保険者

第1号被保険者と第2号被保険者の特徴を知る

■ 保険者とは

　介護保険の保険者とは、介護サービスを提供する主体のこと
です。介護保険の保険者は、市町村（東京都の場合は特別区）
です。介護サービスは、公的費用により運営されているため、
財政を管理する市町村が、あわせてサービスを提供する主体に
もなっているということです。実際に介護サービスを利用する
人にとって、比較的アクセスが容易であることからも、地域に
根付いた市町村が、保険者としての役割を担っているともいえ
ます。

　市町村は、保険者として以下のような業務を行っています。

・被保険者に関する介護保険を受給する資格などについての管理

・要介護認定の判定

・介護保険給付の支給

・市町村介護保険事業計画の設定

　また、介護保険料の金額を設定し、実際に保険料を被保険者
から徴収する業務に関しても、市町村が行います。

　介護保険を利用する人にとって、市町村が、保険者であるこ
とは、アクセスの面ではメリットが大きいといえます。しかし、
市町村は場所によって規模もさまざまであるため、人員の確保
や財政的事情が厳しい市町村の場合には、必要十分な介護サー
ビスの運営が難しくなるおそれがあるというデメリットがあり
ます。そこで、特に介護保険制度を運営することが困難な市町
村については、要介護認定の判定業務などについて、都道府県
に委託することが認められています。

第１号被保険者と第２号被保険者の特色

	第１号被保険者	第２号被保険者
対象者	65 歳以上の人	40〜64 歳の医療保険加入者とその被扶養者
介護サービスを利用できる人	要介護・要支援認定を受けた人	特定疾病によって要介護・要支援状態になった人
保険料を徴収する機関	市町村	医療保険者
保険料の納付方法	年金額が 18万円以上：特別徴収 18万円未満：普通徴収	介護保険料を上乗せされた状態で医療保険に納付
保険料の金額の定め方	所得段階で分けられた定額保険料 （市町村が設定）	〈各医療保険〉 　標準報酬 × 介護保険料率 〈国民健康保険〉 　所得割・均等割など前年の所得に応じて算出

　介護保険制度においては、確実に保険料を徴収することが、制度を根底から支える前提になっています。そこで、保険料の徴収についても、市町村の負担を軽減する制度が設けられています。まず、後述の第１号被保険者の保険料について、被保険者に対して、保険料の支払いを直接的に求めるのではなく、日本年金機構などの年金保険者が、老齢年金の額から介護保険料に相当する金額を天引きするという方法を用いることができます。また、第２号被保険者についても、その被保険者が、たとえば国民健康保険の被保険者である場合には、市町村が国民健康保険の医療保険者として、医療保険料と一体で介護保険料の納付を求めることが可能です。

■ 被保険者とは

　介護保険の被保険者とは、介護保険料を支払い、介護サービスを利用することができる人のことです。介護保険法は、被保険者について、第１号被保険者と第２号被保険者に分類してい

他の市町村から転入した者

他の市町村から転入して、介護保険施設などに入所する者については、住所変更前の市町村が保険者になる点に注意が必要である。これを介護保険の住所地特例という。

ます。いずれの被保険者であっても、被保険者が実際に介護保険のサービスを受けるには、要介護・要支援の認定を受けなければなりません。

① 第1号被保険者

第1号被保険者とは、保険者である市町村に住所を持つ65歳以上の人を指します。介護保険の保険者は市町村ですから、65歳になった人は自分の住んでいる市町村の第1号被保険者となります。生活保護を受給している65歳以上の人の場合には、生活扶助として、介護保険料相当分が上乗せして支給され、介護サービスを利用することが可能です。実際に介護サービスを利用した場合には、利用者負担額分について介護扶助費が支給されます。

② 第2号被保険者

第2号被保険者とは、保険者である市町村に住所を持つ40～64歳で医療保険に加入している人とその被扶養者がなります。医療保険に加入している人やその被扶養者が40歳になると、自分の住んでいる市町村の第2被保険者となります。医療保険加入者であることが要件であるため、生活保護受給者は第2号被保険者になることはできません。この場合、生活保護における介護扶助として、介護サービスを受けることが可能になります。

また、第2号被保険者で介護保険の給付を受ける場合にも、第1号被保険者と同様、要支援・要介護の認定を受けてはじめて給付を受けることができます。しかし、第1号被保険者とは異なり、加齢に伴って生じる心身の変化が原因である一定の疾病（特定疾病）により、要介護状態・要支援状態になった人に限って、介護サービスの利用が可能になります。特定疾病には16種類の疾病があり、たとえば、末期ガン、初老期に発症する認知症、関節リウマチなどです。

被保険者が負担する保険料の金額についても、通常、第1号被保険者の場合と異なるため注意が必要です。第1号被保険者

の場合、保険料の算定を行うのは市町村ですので、被保険者が住んでいる市町村によって、金額が異なります。これに対して、第2号被保険者の保険料については、市町村によって差はありません。第2号被保険者が負担すべき保険料の総額を第2号被保険者の総数で割ることで、全国ベースの保険料が算出されるからです。その保険料は各医療保険者が医療保険料と同時に徴収し、社会保険診療報酬支払基金に納付します。そこから市町村へ交付されるしくみになっています。

■ 介護保険が適用されない人もいる

　介護保険制度では、40歳〜64歳までの医療保険に加入している人や65歳以上の人は、特別な手続をしなくても自動的に住所地の保険者に加入することになっています。しかし、中には法令により、この条件に該当していても介護保険の適用を受けないとされている人がいます。障害者自立支援法に規定されている指定障害者支援施設に入所している身体障害者の一部や「適用除外施設」に入所している人です。これらの施設に入所している場合、居宅での介護を支援することを目的としている介護保険のサービスを利用する機会はあまりありません。また、それぞれの施設では生活援助など必要なサービスを提供していることが多いため、適用除外という扱いになっています。具体的には次のような施設が適用除外施設とされています。

① 重度の知的障害や重度の肢体不自由が重複している児童を入所させる重症心身障害児施設
② 独立行政法人国立重度知的障害者総合施設のぞみの園法の規定により設置される施設
③ ハンセン病療養所
④ 身体上または精神上著しい障害があるために日常生活を営むことが困難な要保護者を入所させる救護施設
⑤ 生活保護法に定める救護施設　など

第2号被保険者の費用の負担率

第2号被保険者は、2018年度から2020年度までの期間について、27%の割合で費用を負担する。つまり、介護費用全体の50%を国などの税金でまかない、27%を第2号被保険者、23%を第1号被保険者の保険料でまかなうということ。

介護保険事業計画

■ 介護保険事業計画とは

介護保険事業計画とは、市町村が定める介護サービスに関する基本的な方向性を示した計画を指します。介護保険事業計画において、必ず記載しなければならないおもな事項は以下のとおりです。

① 日常生活区域（地理的条件・人口・交通事情などを考慮して決定する、介護サービス提供のための施設整備などの際に基準として用いる地域住民の生活範囲）の設定

② 年度ごとにおける介護サービスの種類ごとの、提供されるサービスの量の見込み

③ 年度ごとにおける認知症対応型共同生活介護・地域密着型特定施設入居者生活介護・地域密着型介護老人福祉施設入所者生活介護に関する必要定員総数

④ 年度ごとにおける地域支援事業の量に関する見込み

介護保険事業計画においては、上記項目の他に、見込まれる介護サービスの量を確保するための方策、介護サービスの円滑な提供に関する事業に関する事項を、計画において示すことが求められています。介護保険事業計画は3年ごとに見直しが行われ、2019年現在は、第7期計画の期間に該当します。2015年の第6期以降は、「団塊の世代」が介護サービスの主要な利用者になる2025年において、円滑な介護サービスの提供体制の構築をめざして、中・長期的な視点から、介護保険事業計画の策定が行われています。

介護保険事業計画が機能する場面

介護サービスの提供を希望する事業者は、原則として拒否事由に該当しない限り、申請が拒否されることはない。しかし、介護保険事業計画により定められている、必要なサービス量にすでに達しており、介護保険事業計画の遂行に支障が生じる場合には、例外的に申請が拒否される場合がある。

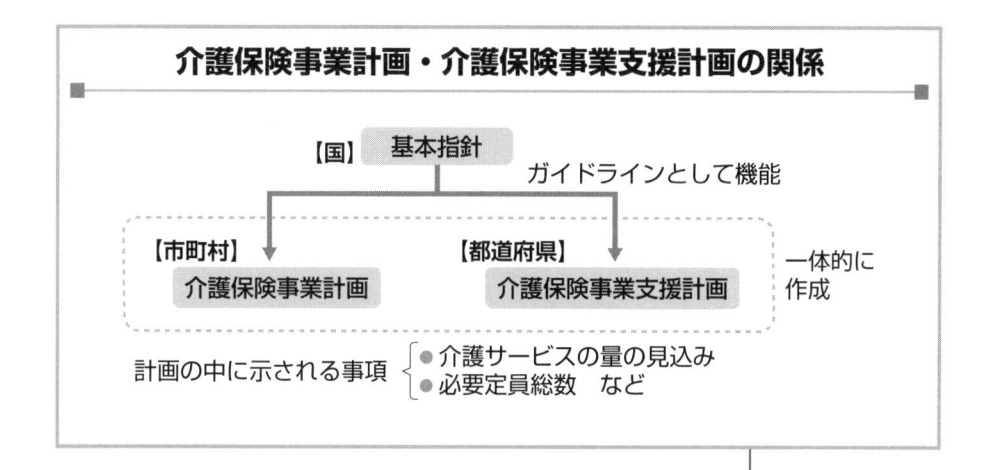

介護保険事業計画・介護保険事業支援計画の関係

【国】 基本指針　ガイドラインとして機能

【市町村】　介護保険事業計画　【都道府県】　介護保険事業支援計画　一体的に作成

計画の中に示される事項 〔 ●介護サービスの量の見込み　●必要定員総数　など

■ 介護保険事業支援計画

　介護保険事業支援計画とは、都道府県が策定する介護サービスに関する基本的な方向性を示した計画のことです。市町村が策定する介護保険事業計画と一体的に作成されることが求められ、介護保険事業計画と同様、3年ごとに見直しが行われます。おもな記載内容は、以下のとおりです。

① 老人福祉圏域（老人福祉施設の設置・整備の際に用いられる比較的広域の範囲）の設定

② 年度ごとにおける介護老人福祉施設などに関する必要入所定員総数の設定

③ 年度ごとにおける介護サービスの種類ごとの、提供されるサービスの量の見込み

■ 両制度と基本指針との関係

　介護保険事業計画や、介護保険事業支援計画の策定の際に、ガイドラインの役割を担うのが、基本指針です。基本指針では、高齢社会における適切な介護サービス体制の確保や、そのための方策の推進の必要性が示されており、介護保険事業計画などは、基本指針に沿った内容の計画を策定しなければなりません。

介護保険のサービスを受けるための手続

要介護認定を受けることとケアプランの作成が必要

■ どのような流れで手続きをするのか

　介護サービスの利用を希望する人がとらなければならない、おもな手続きとして、①介護認定を受けること、②ケアプランを作成すること、という２つの手続きが挙げられます。

① 介護認定

　介護サービスは、要介護者あるいは要支援者を対象に行われます。そのため、介護サービスの利用を希望する場合には、まず、要介護者あるいは要支援者の認定を受けなければなりません。つまり、介護認定は、利用希望者が介護サービスを受ける必要性があるのか否かを判断する基準として用いられるため、介護認定を受けることができない場合は、原則として介護サービスの対象者から外されることになります。

② ケアプランの作成

　介護サービスの利用希望者が、介護認定（要介護認定あるいは要支援認定）を受けると、介護サービス提供事業者との間で、介護サービスに関する契約を締結します。そして、実際に介護サービスが提供される段階では、限られた財源の中で、効率的にサービスを提供するため、介護サービス計画（ケアプラン）に沿ってサービスの提供が行われることになります。

　居宅介護サービスを受ける場合、利用者自身がケアプランを作成することも可能です。しかし、利用者がケアプランの作成を怠った場合や、作成していても市町村に届け出ていない場合には、介護サービス費の支給を受けることができないおそれがあります。つまり、介護サービスに必要な費用が、全額自己負

介護サービスを受けるために必要な手続き

【介護サービスを利用するためのおもな手続き】

① 介護認定 ：市町村に対して介護認定の申請を行う

⇒要介護・要支援の認定を受けなければ、介護サービスの対象から外れる

② ケアプランの作成 ：実際のサービスは介護サービス計画
（ケアプラン）に沿って提供される

※利用者自身で作成することも可能

⇒自分に必要なサービスの内容や届出など必要な手続きが複雑であるため、
ケアマネジャーに作成を依頼することが多い

担になる可能性があります。そこで、ケアプランの作成についても、専門のケアマネジャーに任せた方が安心といえます。実際に、介護サービスの中で、ケアプランの作成は、居宅介護支援として、サービスの一環として位置付けられています。そのため、通常は専門のケアマネジャーが、利用希望者の心身の状況や、利用者・家族の希望などを考慮した上で、ケアプランを作成し、その他必要な手続きを行います。

■ 認定を受ける前でもサービスは受けられるのか

原則として、介護認定を受けた後でなければ、介護サービスを利用することはできません。しかし、サービスを受ける必要があるにもかかわらず、認定を受けるまでの間に相応の時間を要する場合、介護認定の申請を行った段階で、介護サービスの利用が認められています。また、心身の状況の変化などのため、緊急に介護サービスを受ける必要性が認められる場合には、申請前であっても介護サービスの利用が認められることもあります。しかし、いずれの場合も、後に要介護・要支援認定を受けることができなかった場合には、サービスにかかった費用が全額自己負担になりますので、注意が必要です。

要介護認定

予防重視のより細かい判定で制度の効率的な運用が可能になる

■ 要介護と要支援がある

要介護と認定されるのか要支援と認定されるのかによって、施設サービスの利用の可否が決定される。特に、要介護3以上しか利用できない特別養護老人ホームでの施設サービスもある。また、要介護度に応じて支給限度額という形で利用できるサービスの上限が決まる。

　介護保険の場合、サービスを利用したい人すべてが、介護保険の給付の対象者になるわけではありません。介護事業者が介護保険の給付サービスを提供するのは、要支援あるいは要介護の認定を受けた人だけです。では、給付を受けるための認定基準となる要支援・要介護とはどのような状態を指すのでしょうか。

　要支援者とは、要支援状態にある人で、要介護状態にある人が要介護者です。要支援状態とは、社会的支援を必要とする状態を指します。具体的には、日常生活を送る上で必要となる基本的な動作をとるときに見守りや手助けなどを必要とする状態です。日常生活を送る上で必要となる基本的な動作とは、食事や排せつ、入浴などです。要支援と認定された場合、日常生活で手助けが必要となる状態を減らすため、また悪化することを防ぐために支援が必要である、と判断されたことになります。こうした手助けが、身体上あるいは精神上の障害によって生じている場合介護サービスの対象者となります。

　要支援者は、要支援状態の度合いによって、要支援1と要支援2に分類されます。

　一方、要介護状態とは、日常生活を送る上で必要となる基本的な動作をとるときに介護を必要とする状態です。心身上の障害によって、こうした手助けが必要な場合が対象とされています。要介護の場合には、介護が必要な状態の程度によって、「要介護1」から「要介護5」までの5段階に分かれています。

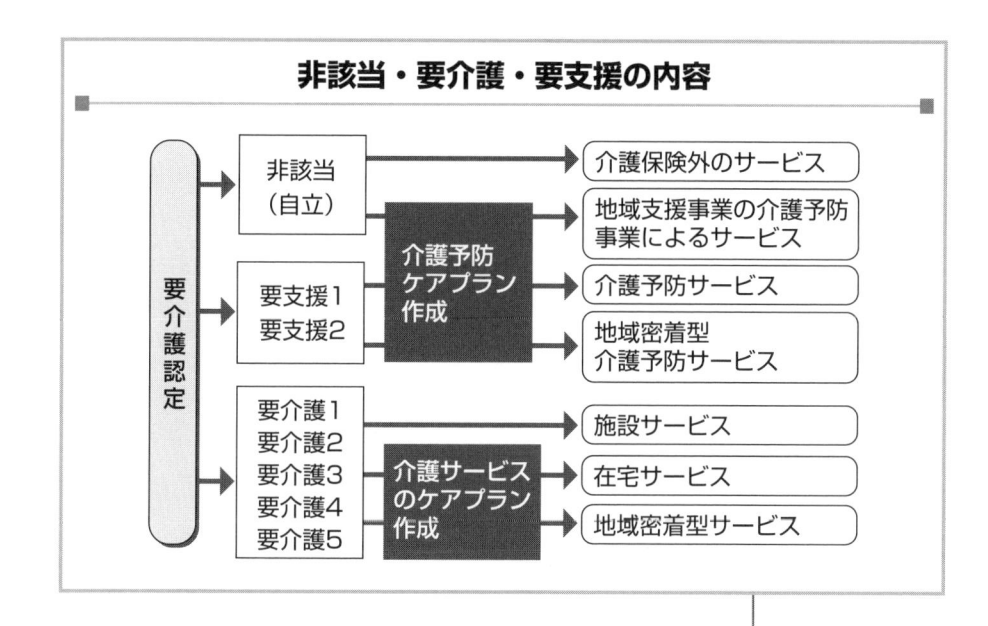

非該当・要介護・要支援の内容

要介護認定

- 非該当（自立） → 介護保険外のサービス
- 要支援1 / 要支援2 → 介護予防ケアプラン作成 →
  - 地域支援事業の介護予防事業によるサービス
  - 介護予防サービス
  - 地域密着型介護予防サービス
- 要介護1 / 要介護2 / 要介護3 / 要介護4 / 要介護5 → 介護サービスのケアプラン作成 →
  - 施設サービス
  - 在宅サービス
  - 地域密着型サービス

■ 要介護認定の判定基準

　要介護認定には、1次判定と2次判定があります。

　1次判定では、調査票などをもとに、コンピュータが判定します。調査票とは、市町村の担当者が申請者宅を訪問し、聞き取り調査を記載した書面です。1次判定の具体的な流れは、調査票などから、介護にかかる時間の度合いを算定します。これを要介護認定等基準時間といいます。要介護認定等基準時間については、次の項目で説明します。1次判定は、この要介護認定等基準時間と認知症の状態を基準に要介護度を判定します。ここでの判定はあくまでコンピュータによる仮判定です。

　2次判定では、1次判定の結果や主治医からの意見書などに基づいて、介護認定審査会が2次判定を行います。

　介護認定審査会は、市町村に設置されており、メンバーは、医療・福祉・保健分野の学識や専門知識を有した者が5名程度選ばれます。

　2次判定では、統計的・数量的なデータで判断された1次判

要介護認定をする目的

要介護認定をする目的は、保険者が利用者の介護が必要な程度を把握するためである。つまり、介護認定を受けることにより、利用者に必要な量や種類の介護サービスを提供することができるようになる。

定を変更することも可能です。変更できるといっても、調査票の特記事項や主治医の意見書に記載されている特有の介護の手間を根拠とすることが必要です。

■ 要介護認定等基準時間を算定する

　要介護認定の1次判定で要介護状態にあると判定されなかった場合でも、1日の中で要介護状態が25〜32分未満の申請者や、間接生活介助と機能訓練関連行為のための手助けを1日のうち合計10分以上必要となる申請者は、1次判定で要支援状態にあると判定されます。

　こうした介護や手助けに必要となる時間は、要介護認定等基準時間と呼ばれ、1次判定で推計されます。要介護認定等基準時間はコンピュータで推計されたものですが、実際に介護サービスを受けられる時間ではありません。

　この要介護認定等基準時間として計算される内容には、①直接生活介助、②間接生活介助、③問題行動関連介助、④機能訓練関連行為、⑤医療関連行為の5つがあります。

　直接生活介助とは、入浴や排せつ、食事の介護などで、身体に直接ふれて行うものです。

　間接生活介助とは、衣服の洗濯や日用品の整理を行うといった日常生活を送る上で必要とされる世話のことです。

　問題行動関連介助とは、徘徊や不潔行動といった行為への対応のことで、徘徊に対しては探索を行い、不潔行動に対しては後始末をするといった対応をすることになります。

　機能訓練関連行為とは、身体機能の訓練やその補助のことで、たとえば嚥下訓練（飲み込む訓練）の実施や歩行訓練の補助が挙げられます。

　医療関連行為とは、呼吸管理や褥瘡処置（床ずれへの処置）の実施といった診療の補助を行うことです。

要支援・要介護状態

	要介護認定等基準時間
要支援1	25〜32分未満の状態 25〜32分未満に相当すると認められる状態
要支援2	32〜50分未満の状態 32〜50分未満に相当すると認められる状態
要介護1	32〜50分未満の状態 32〜50分未満に相当すると認められる状態 要支援2に比べ認知症の症状が重いために排泄や清潔保持、衣服の着脱といった行為の一部に介助が必要とされる
要介護2	50〜70分未満の状態 50〜70分未満に相当すると認められる状態 1日に1、2回は介護サービスが必要となる状態
要介護3	70〜90分未満の状態 70〜90分未満に相当すると認められる状態 1日に2回の介護サービスが必要になる程度の要介護状態
要介護4	90〜110分未満の状態 90〜110分未満に相当すると認められる状態 1日に2、3回の介護サービスが必要となる程度の要介護状態
要介護5	110分以上ある状態 110分以上に相当すると認められる状態 日常生活を送る上で必要な能力が全般的に著しく低下しており、1日に3、4回の介護サービスを受ける必要がある状態

※要介護認定等基準時間は、1日あたりに提供される介護サービス時間の合計がモデルとなっています。基準時間は1分間タイムスタディと呼ばれる方法で算出された時間をベースとしています。1分間タイムスタディとは、実際の介護福祉施設の職員と要介護者を48時間にわたって調査し、サービスの内容と提供にかかった時間を1分刻みに記録したデータを推計したものです。

■ 要支援1と要支援2について

　要支援状態のうち要支援1は、介護保険を受けられる人の区分の中では一番軽い区分です。要支援1の具体的な状態は、日常の基本動作のうち、食事や排せつなどはおおむね自分で行うことができる状態で、立ち上がる時に手助けが必要な状態です。

要支援2の場合は、1次判定では「要介護1相当」と判定されています。この「要介護1相当」と判定された申請者が、2次判定で「要支援2」と「要介護1」に振り分けられます。具体的には、要介護1相当の状態のうち、次に挙げる状態ではない申請者が要支援2の認定を受けます。

・病気やケガによって心身の状態が安定していない状態
・十分な説明を行っても、認知機能の障害や、思考や感情等の障害によって予防給付の利用が困難な状態
・その他の事柄によって予防給付を利用することが困難な状態
　前述した状態にある申請者の場合は、要支援2ではなく、要介護1の認定を受けることになります。

■ 認知症高齢者の日常生活自立度

　認知症高齢者の要支援・要介護状態の認定では、1次判定や2次判定の際の資料のひとつとして、認知症高齢者の日常生活自立度という基準が用いられています。たとえば、何らかの認知症を有するが、日常生活は家庭内および社会的にほぼ自立しているのであれば、ランクⅠ、日常生活に支障をきたすような症状・行動や意思疎通の困難さが頻繁に見られ、常に介護を必要とするような状態であればランクⅣとなり、要介護認定の判断材料のひとつとなります。

■ 要介護1〜5について

　要支援認定を受けた場合には予防給付を受けますが、要介護認定を受けた場合には介護給付を受けることができます。
　要介護は1〜5の区分に分かれています。
　このうち、要介護1については、1次判定で要介護1相当と判定された人を、さらに細かい基準で判定します。どちらも介護認定等基準時間は32分〜50分なのですが、要介護1が要支援2と異なる点は、認知症による問題行動があったり、認知症

の症状が重い点です。認知症の症状が重いために、排せつや清潔保持、衣服の着脱といった行為の一部に介助が必要となるため、要支援2より重い要介護1と判定されます。

要介護2には、1日に1回は介護サービスが必要となる状態の人が認定されます。たとえば歩くときや立ち上がるとき、食事や排せつ、清潔保持、衣服の着脱などを行うときに、一部介助が必要な状態であったり、全面的に介助が必要な状態の場合が要介護2に認定されます。要介護者が認知症の場合には、金銭管理や服装管理を行うことが困難な状態も出てきます。

要介護3は、1日に2回の介護サービスが必要となる程度の要介護状態です。具体的には、起き上がったり寝返りを打つことが、自分ひとりではできない状態です。食事や排せつ、清潔保持、衣服の着脱などを行うときには全面的な介助が必要となります。要介護者が認知症の場合には、大声を出したり物忘れが頻繁になるといった問題行動も見られます。

要介護4は、1日に2、3回の介護サービスが必要となる程度の要介護状態です。日常生活を送る能力がかなり低下している状態で、寝たきりの場合も含まれます。要介護者が認知症の場合には、理解力低下によって意思の疎通が困難となる場合が多い他、目的もなく歩き回ったり（徘徊）、夜眠らずにいる（昼夜逆転）といった問題行動も増えている状態です。要介護4の場合も食事や排せつ、清潔保持、衣服の着脱などを行うときには全面的な介助が必要とされる状態です。

要介護5は、日常生活を送る上で必要な能力が全般的に著しく低下していて、1日に3、4回の介護サービスを受ける必要がある状態です。寝たきりであることが多く、生活全般において全面的な介助を必要とします。認知症の場合には、意思の伝達が全くできない程度まで理解力が全般的に低下していて、徘徊や昼夜逆転、夜間に大声で叫ぶといった問題行動が多くなります。

要介護1と要支援2の関係

要介護1に該当すると判断される可能性がある者のうち、介護などに関する状態が維持・改善する可能性が高い人について、要支援2に区分されている。

要介護認定の申請を受けるための手続

訪問調査、1次判定、2次判定といったステップがある

■ 要介護認定の申請をする

　介護保険制度でサービスを受けるためには、まず要介護認定を受けなければなりません。要介護認定においては、介護サービスの利用希望者が、①本当に介護が必要な状態か否か、②現在の心身の状態はどの程度であるのかについて、区分けが図られます。要介護認定を受けることを希望する人は、介護保険要介護（あるいは要支援）認定申請書に、介護保険の被保険者証などの必要書類を添付して、市町村の窓口で申請を行います。

　なお、介護サービスの利用に関して、地域包括支援センターや、居宅介護支援事業者や介護保険施設に、介護サービスの利用に関するアドバイスを求める場合があります。その場合に、利用希望者の意思に基づき、要介護認定の申請を代行することが認められています。

■ 訪問調査

　要介護認定の申請が行われると、申請を受けた市町村の職員が、利用希望者との面接を行います。具体的には、利用希望者の自宅などにおいて、市町村の職員が、必要事項について調査する形で行われるため、訪問調査と呼ばれています。訪問調査は、原則として市町村の職員が行っています。

■ 1次判定

　訪問調査では、市町村職員は全国一律の調査票に、調査事項の結果を記入します。そして、その調査票の結果について、ま

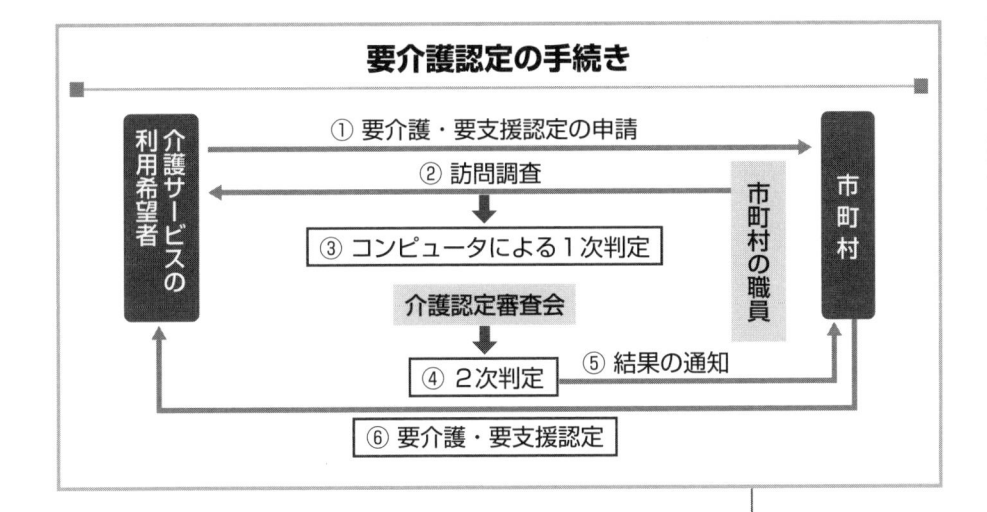

要介護認定の手続き

① 要介護・要支援認定の申請

② 訪問調査

③ コンピュータによる１次判定

介護認定審査会

④ ２次判定　⑤ 結果の通知

⑥ 要介護・要支援認定

介護サービスの利用希望者

市町村の職員

市町村

ずコンピュータによる処理が行われます。コンピュータは、調査表の記入事項に基づいて、介護に必要な時間を算出し、要介護・要支援状態区分に該当するか否かの判定を下します。このステップを１次判定といいます。

■ ２次判定

コンピュータに基づく１次判定の結果と、利用希望者の主治医の意見書、特記事項を基に、要介護・要支援状態区分の審査・判定が行われます。これを２次判定といいます。２次判定は、市町村に置かれる介護認定審査会が審査・判定を行います。

■ 認定結果の通知を受ける

介護認定審査会の審査判定結果は、要介護について１から５、要支援について１・２の合計７つの区分に従って判定が行われます。この結果に基づき、申請から原則30日以内に、市町村が最終的に要介護・要支援認定を行います。認定結果については、認定区分などの事項を記載した上で、被保険者の返還を通じて利用希望者に通知されます。

介護認定審査会

保健・医療・福祉の学識経験者により構成される。今後、要介護・要支援申請者の数が増加することが予想され、認定審査会の簡素化も行われている。

ケアプランの作成

• •

自分で作成することもできる

■ ケアプランとは

　ケアプランとは、要支援者・要介護者の心身の状況や生活環境などをもとに、利用する介護サービスの内容などについて作成された計画のことです。

　ケアプランの原案の作成後、サービスを行う事業者や家族が集まって行われるサービス担当者会議を経てケアプランが決定されます。ケアプランは、たとえば月曜日の15時〜16時に訪問介護のサービスを受ける、というように1週間単位でスケジュールが組まれます。サービスの種類と提供を受ける日時については、1週間単位ですが、実際に要介護者や要支援者の行動予定を考える際に基準となる時間については、1日24時間単位で考えます。

　ケアプランは介護サービスが利用者のニーズと合わない場合や介護の状況に変化が生じた場合など、必要に応じて見直しが行われます。なお、介護保険は申請から認定まで原則として30日の期間がかかります。そのため、認定より前の期間でも介護保険の利用に支障が生じないように、要介護度を予想して一時的に利用するケアプラン（暫定ケアプラン）も作成されます。

■ ケアプランのおもな構成要素

　ケアプランは第1表、第2表、第3表から構成されています。
・第1表…アセスメントをもとに利用者と家族の意向、心身状況など総合的な援助の方針が記載されます。アセスメントとは、ケアプランを作成する際に行う課題分析のことです。

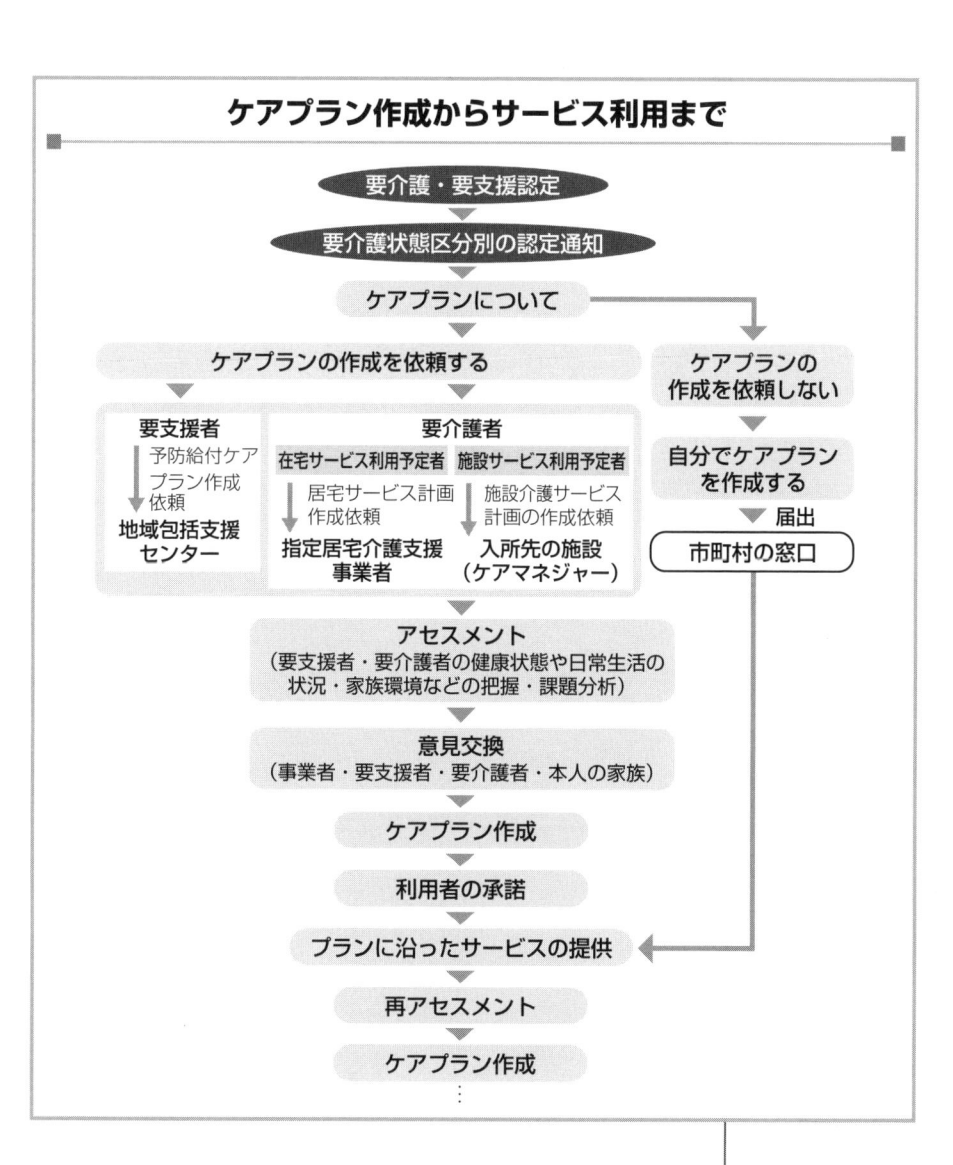

ケアプラン作成からサービス利用まで

要介護・要支援認定

要介護状態区分別の認定通知

ケアプランについて

ケアプランの作成を依頼する

要支援者
予防給付ケア
プラン作成
依頼
**地域包括支援
センター**

要介護者

在宅サービス利用予定者
居宅サービス計画
作成依頼
**指定居宅介護支援
事業者**

施設サービス利用予定者
施設介護サービス
計画の作成依頼
**入所先の施設
（ケアマネジャー）**

**ケアプランの
作成を依頼しない**

**自分でケアプラン
を作成する**
届出
市町村の窓口

アセスメント
（要支援者・要介護者の健康状態や日常生活の
状況・家族環境などの把握・課題分析）

意見交換
（事業者・要支援者・要介護者・本人の家族）

ケアプラン作成

利用者の承諾

プランに沿ったサービスの提供

再アセスメント

ケアプラン作成

・第2表…利用者個々の具体的なニーズとそれに伴う長期と短
期の目標、ニーズにこたえるための具体的な介護サービスの
内容などを定めます。

・第3表…週単位のタイムスケジュールが記載されます。ここ
では、第2表に記載したサービスの内容・種類、サービスの

担当者などについても詳細に示されます。

■ 要支援認定を受けた人向けのケアプラン

要支援認定を受けた人がサービスを受けるために立てるプランを介護予防ケアプランといいます。要支援者への介護予防のケアマネジメントを担当するのは地域包括支援センターで、プラン作成を担当するのは、支援センターの保健師などです。

要支援者のためのケアプランは、文字通り介護予防を目的としており、おおよそ基本型、リハビリ対応型、医療対応型という3つのパターンの利用モデルに分けて考えられます。

■ 要介護認定を受けた人向けのケアプラン

要介護認定を受けた人向けのプランには、居宅サービス計画と施設サービス計画があります。

居宅サービス計画は、在宅でサービスを受ける場合のプランです。施設に入所してサービスの提供を受ける場合のプランを施設サービス計画といいます。要介護者向けのケアプランのモデルとしては、通所型、訪問型、医療型などがあります。通所型の場合には、おもに要介護者自身が施設に出向いてサービスの提供を受けるスケジュールが組まれます。要介護1〜3の人が受ける傾向にあります。一方、訪問型は、おもに要介護者の自宅に事業者が出向いてサービスを提供するスケジュールが組まれます。これは要介護1〜5の人で状況が合致している人が利用します。医療型は、医療サービスを受ける必要性の高い人が利用するもので、要介護4・5の人の利用がほとんどです。

■ 施設に入所する場合のケアプラン

施設に入所する場合には、入所先の施設に所属するケアマネジャーがケアプランを作成します。施設サービスの目的は、原則として要介護者の自宅への復帰です。施設に所属するケアマネ

ケアプランの特徴

要支援者向けのケアプラン

■**ケアプランの種類**
介護予防ケアプラン

■**プランの作成者**
本人
地域包括支援センターの保健師
地域包括支援センターの職員の社会福祉士
地域包括支援センターから委託されたケアマネジャー

■**利用モデル**

①基本型
閉じこもり・心身機能の低下の予防が目的
訪問系のサービスから通所系のサービスへの移行をめざす

②リハビリ対応型
退院直後に短期間でリハビリを受ける目的
訪問系のリハビリから通所系のリハビリへの移行をめざす

③医療対応型
長期的な医療ケアを受ける目的
訪問看護などを採り入れている

■**要支援者向けプランの特徴**
介護予防が目的

要介護者向けのケアプラン

■**ケアプランの種類**
居宅サービス計画
　在宅でサービスを受ける場合のプラン
施設サービス計画
　施設に入所してサービスを受ける場合のプラン

■**プランの作成者**
居宅サービス計画　本人・ケアマネジャー
施設サービス計画　入所先の施設のケアマネジャー

■**利用モデル・特徴**

①通所型（居宅サービス計画）
要介護者が施設に出向いてサービスを利用するスケジュール。要介護1～3が多い

②訪問型（居宅サービス計画）
要介護者が自宅でサービスを利用するスケジュール
利用できる状況にある要介護者1～5全般に見られる

③医療型（居宅サービス計画）
医療サービスを受ける必要性の高い人が利用するスケジュール。要介護4・5の人の利用が多い

④施設サービス計画の場合
要介護者の自宅への復帰が目的
・施設のスタッフがチーム体制で目標達成に向けたサービスの提供を行う
・要介護者が自宅に復帰できるまで随時修正して行う
・本人はケアプランを作成できない

ジャーは各要介護者に適したプランを作成し、施設のスタッフはチームを組んで目標達成に向けてサービスの提供を行います。

■ ケアプランに記載されていないサービスを提供できるのか

　ケアプランが事前に立てた計画であることをふまえると、緊急やむを得ない事情が生じ、実際に介護をしている段階で別のサービスの提供が必要になることは十分あり得ます。ケアプランで記載しなかったサービスを提供する場合には、そのサービスに介護保険が適用されるかどうかを判断することが必要になります。

利用者の負担する費用

安定した運用のためには利用者自身が利用料を負担することも必要

費用の負担に
関して

税金に関しては、国が
25％、都道府県が
12.5％、市町村が
12.5％ずつをそれぞ
れ負担する。施設サー
ビスに関しては、国が
20％、都道府県が
17.5％を負担するこ
とになる。

■ 利用者はどのくらいの費用を負担するのか

　介護保険制度を運用するための費用は、利用者となりうる被保険者と市町村、都道府県、国が負担しています。具体的には、費用の50％を市町村や都道府県、国からの税金、残り50％を被保険者からの保険料でまかなうことになります。

■ 区分支給限度額とは

　介護保険は無限に利用できるのではなく、認定の度合いによって給付額の上限が定められています。このように、介護保険で利用できるサービスの費用の上限を区分ごとに定めたものを区分支給限度額といいます。区分支給限度額は、利用者の要介護状態に応じて月額で金額が定められています。

　そのため、多くの利用者は区分支給限度額の範囲で、介護サービスを利用するケースが多いといえます。区分支給限度額内で在宅サービスを利用した場合、利用者の本人負担割合はサービスの費用の１割ですが（所得の状況により、２割、３割負担となる場合もある）、区分支給限度額を超えて利用した場合には、その超えた金額は全額自己負担となります。在宅サービスの支給限度額については、次ページの図を参照してください。なお、支給限度額は、在宅サービスを受ける場合に設定されているもので、施設サービスの場合には設定されていません。

■ 高額介護サービス費とは

　在宅サービスの利用料の自己負担額が高額になった場合や、

在宅サービスの利用料の自己負担額・目安

要支援度・要介護度の区分	在宅サービスの支給限度額(月額)	支給限度額まで利用した場合の自己負担額(月額)	一定以上の所得者の自己負担額(月額)
要支援1	50,320円	5,032円	10,064円
要支援2	105,310円	10,531円	21,062円
要介護1	167,650円	16,765円	33,530円
要介護2	197,050円	19,705円	39,410円
要介護3	270,480円	27,048円	54,096円
要介護4	309,380円	30,938円	61,876円
要介護5	362,170円	36,217円	72,434円

※支給限度額・自己負担額の数値は2019年10月以降の金額

施設サービスでの自己負担額が高額になった場合には、高額介護サービス費として、市町村から払戻しを受けることができます。高額介護サービス費が設けられた目的は、介護サービスの利用控えを防ぐ目的もあります。というのも、介護を受ける必要が高い低所得者は、サービスを受ければ受けるほど、自己負担額が大きくなっていきます。そのため、サービス利用に対して謙抑的になりやすく、その結果、本当に介護サービスが必要な人に対して、必要十分な介護サービスが行き渡らなくなる可能性があるため、高額介護サービス費により、十分なサービスを受ける機会を保障しています。高額介護サービス費として市町村から払戻しを受ける基準となる自己負担額の上限（月額）は、利用者の世帯の所得状況によって段階的に設定されています。

高額介護サービス費の請求
高額介護サービス費の払戻しを受けるためには、市町村への申請が必要になる。

■ 低所得者に対する利用者負担の軽減について

　介護サービスの利用者負担は、原則として費用の1割ですが、利用者が低所得である場合には、1割部分の負担でも大きな負担になります。そこで、おもに市町村を中心に、低所得者を対象に、介護サービス利用者負担額の軽減措置を設けています。

① **利用者負担軽減制度**

　一定の要件を満たす低所得者が、介護サービスを利用した場合に、市町村が利用者負担額などの一部を助成する制度です。

・住民税非課税世帯であること

・年間収入が150万円以下であること（単身世帯の場合）

・預貯金などの額が350万円以下であること（単身世帯の場合）

・日常生活に必要な資産以外に活用できる資産がないこと

・親族などに扶養されていないこと

② **特定入所者介護サービス費**

　一定の低所得者について、介護保険施設の利用料における、食費と居住費の軽減が認められる制度です。次ページの図にあるように、それぞれの負担段階区分に応じて自己負担の上限が定められており、利用者はその分を支払うだけですみます。基準費用額と自己負担分の差額が特定入所者介護サービス費として軽減されます。

■ 保険料の支払滞納者にもサービスが提供されるのか

　介護保険料の納付は国民の義務ですので、滞納があるとさまざまな方法で徴収が行われます。まず、滞納があると保険者である市町村から督促状などによる請求が行われます。それでも支払われない場合は滞納保険料に延滞金が加算され、貯蓄や不動産といった財産を差し押さえられることもあります。

　また、介護サービスを受けているにもかかわらず、介護保険料を1年以上支払っていない人に対しては、いったん介護サービスの利用料を全額本人に負担してもらい、申請によって保険給付分を返還するという形でサービス提供が行われます。これを償還払いといいます。被保険者が1年6か月以上保険料を滞納すると、今度は本来払い戻されるはずの保険給付分が滞納保険料に充当されます。

　利用者が保険料を納めることができる期間は2年ですので、

施設サービスの利用料の自己負担額・目安

	要介護1	要介護2	要介護3	要介護4	要介護5
介護老人福祉施設 (従来型個室)	559円	627円	697円	765円	832円
介護老人保健施設(Ⅰ) (従来型個室)	701円	746円	808円	860円	911円
介護療養型医療施設(Ⅰ) (従来型個室)	645円	748円	973円	1,068円	1,154円

※ 厚生労働省「介護報酬の算定構造」(2019年10月介護報酬改定) を基にして掲載
　表中の金額は該当施設を1日利用した場合の利用者の自己負担額の目安
　施設サービスの種類により、かかる費用は異なってくる

特定入所者介護サービス費が支給されるための自己負担の上限

利用者負担段階区分	対象者	1日あたりの居住費(滞在費)				1日あたりの食費
		ユニット型個室	ユニット型準個室	従来型個室 *	多床室 *	
第1段階	住民税世帯非課税の老齢福祉年金受給者 生活保護受給者	820円	490円	490円 (320円)	0円	300円
第2段階	住民税世帯非課税で合計所得金額及び課税年金収入額の合計が年間80万円以下の方	820円	490円	490円 (420円)	370円	390円
第3段階	住民税世帯非課税で第1・第2段階に該当しない方	1,310円	1,310円	1,310円 (820円)	370円	650円
第4段階 (基準費用額)	非該当(食費・居住費は軽減されません)	2,006円	1,668円	1,668円 (1,171円)	377円 (855円)	1,392円

※2019年10月以降の金額。*については、老健や療養病床の場合は上段、特養の場合はカッコ内の金額になる
※配偶者が市民税課税、もしくは一定の預貯金がある場合は対象外

　2年経過するとその期間の保険料の納付は認められなくなります。この場合、未納期間に応じて自己負担が1割から3割に増加するなどの措置がとられます。なお、自己負担割合が3割の場合は、4割に増加します。

介護給付と予防給付

予防給付は介護状態の予防を目的としている

■ 要介護の人が利用するのが介護給付

　要介護の人は、在宅サービスと施設サービス、それに地域密着型サービスを利用することができます。要介護者のケアプランは、ケアマネジャーが作成します。介護給付にかかる費用のうち原則9割は介護保険でまかなわれますが、ホテルコスト（施設サービスなどを利用するときにかかる食費や光熱費といった費用）については原則として自己負担とされています。これは在宅サービスで食費などが発生した場合でも同様です。

　施設サービスに含まれる施設の種類には、介護老人福祉施設、介護老人保健施設、介護療養型医療施設などがあり、施設を利用する場合には施設サービス計画が作成されます。

■ 介護給付におけるサービスとは

　介護給付におけるサービスは、大きく居宅サービス、地域密着型サービス、施設サービスに分類することができます。

① 居宅サービス

　居宅サービスには、利用者の自宅を職員が訪れて提供するサービスと、自宅で生活する利用者が施設に通って受けるサービスがあります。具体的には、おもに以下のサービスがあります。

・訪問介護

・訪問入浴介護

・訪問看護

・訪問リハビリテーション

・居宅療養管理指導

居宅サービス

要介護者を対象に提供される、居宅サービスの利用者は年々、増加傾向にあるという特徴がある。

予防給付と介護給付の種類

（介護給付、予防給付）

居宅サービス	**訪問介護**　※介護予防訪問介護は地域支援事業へ移行 （介護予防）訪問入浴介護 （介護予防）訪問看護 （介護予防）訪問リハビリテーション （介護予防）居宅療養管理指導 **通所介護**　※介護予防通所介護は地域支援事業へ移行 （介護予防）通所リハビリテーション （介護予防）短期入所生活介護 （介護予防）短期入所療養介護 （介護予防）特定施設入居者生活介護 （介護予防）福祉用具貸与
地域密着型サービス	定期巡回・随時対応型訪問介護看護 夜間対応型訪問介護 地域密着型通所介護 （介護予防）認知症対応型通所介護 （介護予防）小規模多機能型居宅介護 （介護予防）認知症対応型共同生活介護 地域密着型特定施設入居者生活介護 地域密着型介護老人福祉施設入所者生活介護 看護小規模多機能型居宅介護
施設サービス	介護老人福祉施設 介護老人保健施設 介護療養型医療施設　※2023年度末で廃止 介護医療院　※2018年4月に創設
ケアプラン	**居宅介護支援、介護予防支援**　※ケアプランの作成

（地域支援事業）

居宅サービス	訪問型サービス 通所型サービス 生活支援サービス（配食、見守りなど）

・通所介護

・通所リハビリテーション

・短期入所生活介護

・短期入所療養介護

地域密着型
サービスの課題

地域密着型サービスの
提供が開始された後
も、特に深夜や早朝に
おける利用者への対応
が不十分であったり、
医療や看護サービスへ
の接続がスムーズでは
ないことが課題になっ
ている。

・特定施設入居者生活介護

② **地域密着型サービス**

　地域密着型サービスとは、おもに介護が必要な高齢者を念頭
に、利用者が住み慣れた地域の中で、なるべく自宅で生活を継
続できるように必要なケアを行うことを目的に提供するサービ
スです。具体的には、おもに以下のサービスが挙げられます。

・定期巡回・随時対応型訪問介護看護
・夜間対応型訪問介護
・地域密着型通所介護
・認知症対応型通所介護
・小規模多機能型居宅介護
・認知症対応型共同生活介護
・地域密着型特定施設入居者生活介護
・地域密着型介護老人福祉施設入所者生活介護
・看護小規模多機能型居宅介護

③ **施設サービス**

　施設サービスとは、利用者は施設の中でサービスを受けるこ
とになりますが、なるべく自宅に近い環境を作り出し、個々の
利用者の生活時間を尊重して行うサービスです。施設サービス
を提供するサービスは、以下の施設です。

・介護老人福祉施設
・介護老人保健施設
・介護療養型医療施設
・介護医療院

■ 要支援の人が利用するのが予防給付

　要支援の認定を受けた人が受けられるサービスを予防給付と
いいます。要支援の認定を受けた人が利用できるサービスは、
在宅サービスと地域密着型サービスの一部で、施設サービスは
利用できません。

■ 予防給付におけるサービスとは

　予防給付についても、介護給付と同様に、居宅サービスと地域密着型サービスに分類することができます。ただし、施設サービスについては、介護給付のみが提供するサービスですので、予防給付として、施設サービスを受けることはできません。

① 居宅サービス

　予防給付における居宅サービスに該当する、介護予防サービスには以下のサービスが挙げられます。

・介護予防訪問入浴介護
・介護予防訪問看護
・介護予防訪問リハビリテーション
・介護予防居宅療養管理指導
・介護予防通所リハビリテーション
・介護予防短期入所生活介護
・介護予防短期入所療養介護
・介護予防特定施設入居者生活介護

② 地域密着型サービス

　予防給付における地域密着型サービスに該当する、地域密着型予防サービスには、以下のようなサービスが挙げられます。

・介護予防認知症対応型通所介護
・介護予防小規模多機能型居宅介護
・介護予防認知症対応型共同生活介護

■ 福祉用具の貸し出し・購入補助、住宅改修

　要介護・要支援の認定を受けている人のうち一定の条件にあてはまる人は、車いすやスロープなど福祉用具を必要とする人もいます。介護保険には、そのような福祉用具をレンタル（98ページ）、販売（100ページ）するサービスもあります。また、在宅で生活する高齢者が支障なく生活できるように、事業者が住宅改修のサービスを提供することもあります（102ページ）。

要支援者に対する予防給付

予防給付の各サービスの内容は、要介護の人が受ける在宅サービスとほぼ同じであるが、予防給付のサービスを利用できる場所は、通所サービスが中心になる。ただし、通所サービスを利用することが難しい場合には、訪問サービスが認められる場合もある。

地域包括ケアシステム

住み慣れた地域で医療や介護などを一体的にケアする
しくみ

■ 地域包括ケアシステムとは

　高齢化社会の進展が進む我が国では、今後、ますます介護が必要になる高齢者の人数の増加が予測されています。介護施設や介護職員の物理的・数的限界への対応も必要になりますが、高齢者自身が、住み慣れた地域の中で、可能な限り生活を継続していくことができるしくみの構築が必要です。そこで現在、地域包括ケアシステムの構築が推進されています。地域包括ケアシステムとは、介護サービスにとどまらず、関連したサービスを利用者に一体的に提供する制度です。つまり、高齢者が住み慣れた地域を離れることなく、地域生活を送る中で必要なサービスすべてを受けることができる、総合的なサービス提供体制の構築をめざしています。現在のところ、ますます高齢者の人口比率が高まる2025年の本格的導入をめざしています。

　地域包括ケアシステムは、具体的には、①介護、②医療、③介護予防、④生活支援、⑤住まいという5つの要素から構成されます。これらの要素のうち、⑤住まいが土台になり、高齢者が住み慣れた地域から離れず、最期まで生活し続けたいという選択を、最大限尊重する制度設計となっています。その上で、③介護予防・④生活支援サービスを充実させ、特に高齢者が重度の要介護状態に陥ることを防止し、自立した生活をより長く継続できるよう支えるしくみを充実させることをめざしています。そして、①介護や②医療は、実際に介護状態に陥ってしまった高齢者に対して、必要な介護サービスやリハビリテーションを行うとともに、必要な医療・看護サービスを充実させ、地域生活の

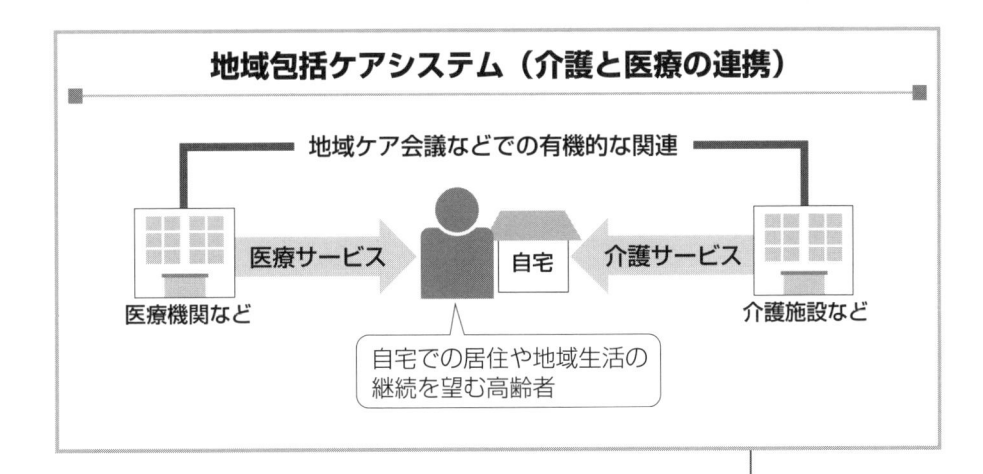

地域包括ケアシステム（介護と医療の連携）

地域ケア会議などでの有機的な関連

医療サービス → 自宅 ← 介護サービス

医療機関など　　　　　　　　　　　　　　介護施設など

自宅での居住や地域生活の継続を望む高齢者

継続をサポートする体制を充実させることをめざしています。

■ どんなことに取り組むのか

　高齢者の日常生活を送る上で必要なサポートは、基本的に介護サービスとして提供します。その高齢者が病気など重篤な状態に陥り、医療サービスが必要になった場合には、速やかに必要な医療サービスを受けることができる点に、地域包括ケアシステムの利点があります。

■ どのように運営されていくのか

　地域包括ケアシステムでは、介護・医療機関の連携が重要であり、その前提として、①高齢者の生活上のニーズや課題の把握、②地域の関係者による対応策の検討、③サービスの提供・見直しというサイクルをうまく回す必要があります。その重要な役割を担う機関として、地域ケア会議が設置されています。地域ケア会議は、地域包括支援センターなどが主催する、市町村の職員、介護施設のケアマネジャー、医師などが参加する会議で、地域におけるネットワークの構築や、高齢者のケアに必要な情報の共有が図られることになります。

地域包括ケアシステムの制度設計

現在推進されている地域包括ケアシステムの制度設計として、高齢者に必要な介護施設や医療機関は、基本的に高齢者が30分以内にアクセスできる距離に設置しなければならない。その上で、介護サービスが必要な場合には、介護サービス事業所から介護サービスの提供を受け、病気になった場合にはかかりつけの病院を受診することになる。

地域支援事業によるサービスを利用した場合

要介護状態に陥る前の段階で受けられるサービス

■ 地域支援事業とはどんな制度なのか

地域支援事業とは、介護保険制度のサービスの一環として行われる、介護予防サービスです。介護給付が、おもに、すでに要介護状態にある人を対象に提供されるサービスであるのに対して、地域支援事業においては、要介護認定を受ける前、あるいは、重度の要介護状態に陥る前の段階に焦点を当てて、効果的な予防サービスを提供することを目的にしています。

かつては、国庫補助事業として、老人保健事業、介護予防・地域支え合い事業としてサービスの提供が行われてきました。しかし、介護保険制度において、重度の要介護者による制度の利用よりも、比較的軽度の要介護者が制度を利用するケースが増加していました。そこで、同じ介護サービスの枠内で、効果的な予防サービスを展開することで、今後ますます深刻な高齢社会へと向かう我が国において、利用者にとって必要十分なサービスを、効率的に提供することを可能にするために、介護保険制度の中に地域支援事業が位置付けられました。

地域支援事業が展開する事業内容は、おもに以下の2つの事業が中心になります。

① 利用者である被保険者が、要支援、あるいは、要介護状態に陥ることを予防するのに必要な事業

② 利用者が要介護認定を受けた後も、可能な限り、住んでいる地域の中で自立した社会生活を継続できるよう支援する事業

地域支援事業とは

地域支援事業

利用者が<u>要支援・要介護状態に陥ることを防ぎ</u>地域生活の継続を可能にするべく必要な支援を行う事業
　⇒要介護認定などを受けた者を対象にする介護給付などとは異なる

〈3種類の事業に分類〉
- ① 介護予防・日常生活支援総合事業
- ② 包括的支援事業
- ③ 任意事業

■ どんな種類があるのか

　地域支援事業は、要介護状態などに陥ることを予防することを主要な目的に挙げていますので、都道府県が指定などを行う予防給付と役割が重複する部分がありました。そのため、予防給付に含まれる介護予防訪問介護と介護予防通所介護が地域支援事業に移行された他、介護予防事業について、介護予防・日常生活支援総合事業（総合事業）が整備されました。

　そこで、現在の地域支援事業は、①介護予防・日常生活支援総合事業（110ページ）、②包括的支援事業（112ページ）、③任意事業（114ページ）の3種類に分類することができます。

■ どんな特徴があるのか

　介護サービスは、原則として全国一律の基準に従ってサービスの提供が行われます。しかし、地域支援事業は、利用者が可能な範囲で地域生活を継続していけるように、地域ごとに必要な支援を行うことを目的にする制度です。そのため、地域の実情に詳しい市町村が実施主体になっています。したがって、利用者の実態に合わない一律の基準ではなく、実施するサービスの内容などについて、利用者のニーズを考慮しながら柔軟にサービスを運営することが可能になっています。

その他の地域支援事業の内容

本文記載以外にも、地域支援事業として、NPOや住民ボランティアなどに対して、補助や助成を通して、地域支援事業の内容を実施することも可能である。

どんな施設や住まいがあるのか

要介護者のみが利用できる介護保険施設がある

■ 介護保険施設のサービス

　介護保険施設は、原則として在宅で介護を受けることができない状態になった場合に利用できる以下のサービスです。

① 介護老人福祉施設（特別養護老人ホーム）

　特養と呼ばれることもあります。認知症などによって心身上の著しい障害がある人や寝たきりの高齢者の利用に適しています。この施設に入所すると、作成されたケアプランに沿って、身の回りの世話や機能訓練などを受けることができます。

② 介護老人保健施設

　老健と呼ばれることもあります。リハビリテーションなどを行い、入所している要介護者が自宅で生活できる状況をめざすための施設です。医療的な管理下で看護やリハビリテーション、食事・入浴・排せつなどの日常的な介護サービスを提供することに重点をおいています。また、医療的な視野から介護サービスを提供する一方で、特別養護老人ホームと同様、要支援者はショートステイで利用する以外には介護老人保健施設に入所することはできません。

③ 介護医療院

　病院や診療所などのうち、入院している介護が必要な人に対して、施設サービス計画に基づいて、必要なサービスを提供する施設です。療養上の管理、看護、医学的管理が必要な介護ケアの他、機能訓練や生活の場を提供します。介護の他に医療が必要な高齢者が、長期療養可能であるという利点があります。

施設サービスの種類とサービスの内容

	介護老人福祉施設 (特別養護老人ホーム)	介護老人保健施設	介護医療院
役割	生活施設	在宅復帰をめざす施設	長期療養と生活施設
対象者	・原則、要介護3以上 （例外的に、要介護 1、2でも入所可能） ・在宅での生活が難し い方	・要介護1以上 ・入院療養までは必要 ないが、在宅復帰に 向けたリハビリや介 護・看護が必要な方	・要介護1以上 ・症状が安定している が、長期療養が必要 な方
サービス内容	・日常生活上の介護 ・機能訓練 ・健康管理 ・相談援助 ・レクリエーション など	・リハビリテーション ・医療的ケア、看護 ・日常生活上の介護 ・相談援助 ・レクリエーション など	・療養上の管理、看護 ・日常生活上の介護 ・機能訓練 ・ターミナルケア
特徴	・常時介護を受ける ことに重点を置い ている ・医師は非常勤（嘱託医）	・医療的な管理下での 介護サービスの提供 に重点を置いている ・医師は常勤（昼間）	・長期療養やターミナ ルケアも行う ・医師は常勤（昼間・夜間） ・看護師配置も手厚い

■ 介護保険施設以外の施設が提供するサービス

　介護保険制度においては、介護老人福祉施設や介護老人保健施設などの介護保険施設のサービスを利用すると、訪問介護や通所介護などの居宅サービスを利用することはできません。日常の生活介護などは施設サービスで提供されるからです。

　しかし、有料老人ホームや軽費老人ホーム、ケアハウス、サービス付き高齢者向け住宅のような施設においては、介護保険制度上は施設ではなく、在宅の扱いになるため訪問介護や通所介護などの介護保険を利用することが可能です。そのため、訪問介護事業所や通所介護事業所を併設している施設も多く見られます。有料老人ホームなどは「すまいの機能」と「介護の機能」が別々になっているといえます。そのため、契約に関し

介護保険施設以外の施設のサービス

軽費老人ホームやケアハウスは、比較的経済的な負担も少なく入居できる施設である。他方で、一部の有料老人ホームやケアハウスの中には、介護付きを謳っている施設もあるが、このような施設は、外部の介護サービス事業所を利用するのではなく、自前で介護サービスを提供している点に特徴がある。このような形態を特定施設入居者生活介護と呼び、居宅サービスの一類型となっている。

ても住まいの部分と介護の部分に関しては別々の契約になっているのが一般的です。

　また、通常の介護保険施設に併設されている施設でのサービスを利用する場合にも在宅扱いで受けることが可能です。短期入所生活介護や通所介護・通所リハビリテーションなどが該当します。短期入所生活介護は俗にショートステイと呼ばれ、通所介護・通所リハビリテーションはデイサービスと呼ばれるサービスです。

　このうちショートステイは、在宅の要介護者が一時的に施設に入所して介護を受けたい場合に適したサービスです。

　福祉施設に属するグループホーム（認知症対応型生活介護）とは、比較的症状の軽い認知症の高齢者が集まって共同生活を送る形式の入居サービスです。グループホームの場合には、専門のスタッフが介護しながらも、食事の支度や掃除や洗濯といった利用者自身の身の回りについては、利用者自身と専門スタッフとが共同で行います。グループホームでは利用者自身に役割を持たせることで、高齢者の心身の安定を取り戻し、認知症の進行を遅らせることができるのです。

■ サービス付き高齢者向け住宅

　サービス付き高齢者向け住宅（サ高住）とは、60歳以上の人か要介護・要支援を受けている人と、その同居者が利用できる賃貸式の居宅です。サービス付き高齢者向け住宅は、原則として専用部分の床面積は25㎡以上であることなど、一定の要件があり、スロープなどバリアフリー構造が採用されている必要があります。サービス付き高齢者向け住宅の大きな特徴は、入居に際して締結する契約が賃貸借契約であるという点にあります。つまり、入居者には借地借家法上の借家人としての地位が認められることになります。そのため、サービス付き高齢者向け住宅の場合は、入院したことを理由に事業者側から一方的に契約

介護医療院

介護医療院

病院や診療所などのうち、入院している介護が必要な人に対して、療養上の管理、看護、医学的管理が必要な介護ケアの他、機能訓練や生活の場を提供する施設（2018 年に新設）

かつての介護療養型医療施設と類似の役割を担う

∵介護療養型施設では、医療が不要な利用者が、長期間に渡って利用している実態が問題視（社会的入院）

⇒介護医療院は長期的な医療と介護双方のケアが必要な利用者のニーズに、適切に応えることができ、生活する場としての機能を持つ

∴社会的入院の問題を回避できる

※ただし 2023 年度末まで介護療養型医療施設も残置される

を解除することは認められていません。

サ高住は、特別養護老人ホームや有料老人ホームのように、介護サービスを受けることを前提条件とした施設とは異なり、介護サービスを利用するためには、原則として外部の事業者に依頼をしなければなりません。また、重度の介護が必要になった場合には、十分なサービスを受けるために、他の施設への住み替えが必要になる場合もあります。

サービス付き高齢者向け住宅は、常駐するスタッフが高齢者に対する見守りサービス（安否確認サービスや生活相談サービス）を行うことが必須の要件となっています。

安否確認サービスには、①毎日定刻に職員が居室を訪れるサービスや、②トイレや冷蔵庫の扉などにセンサーを設置し、長時間開閉がない場合に職員が居室を訪れるサービスの他、①②を併用したサービスがあります。生活相談サービスとは、健康上の悩みや生活上の心配事について相談可能なサービスです。

サービス付き高齢者向け住宅におけるサービス内容

本文記載以外に、食事や入浴・排せつなどのサービスについては、基本的に利用者自身で外部の事業者を選択して、利用者自身で個別に契約を締結する必要がある。

共生型サービス①

介護サービスと障害福祉サービスの一体的な提供が可能になる

■ どんなサービスなのか

共生型サービスとは、障害福祉サービスを利用してきた利用者が老齢によって介護保険制度の対象者になった場合に、引き続き同じ事業者からサービスを受けることができるしくみのことです。

利用者の側から見ると、障害者で65歳以上になった後も、引き続き、自身が利用の面で使い慣れている施設を使用できるというメリットがあります。

事業所側から見ると、これまで介護保険や障害福祉どちらかの居宅サービスの指定を受けていた場合、もう一方の指定も受けやすくなったことを意味しています。事業者が、地域の実情や事業者の経営状態をはじめとする環境などを考慮して、必要に応じて、双方の事業者としての指定を受けるべきか否かを選択することが可能です。そのため、事業者に過度な負担を負わせることなく、地域の実情に合わせて、効率的な福祉サービスの提供が可能になります。共生型サービスは、限りある福祉関係の人材を効率的に配置することができるサービスとしての役割を期待されているといえます。

もっとも、共生型サービスの前提として、障害者総合支援法などに基づくサービスと、介護保険法に基づくサービスとの間に重複が見られる場合、介護保険法が優先的に適用されます。

■ なぜ設けられたのか

従来は、障害福祉サービスを利用していた障害者が、65歳に達した場合には、介護保険法の適用対象になります。それ以後

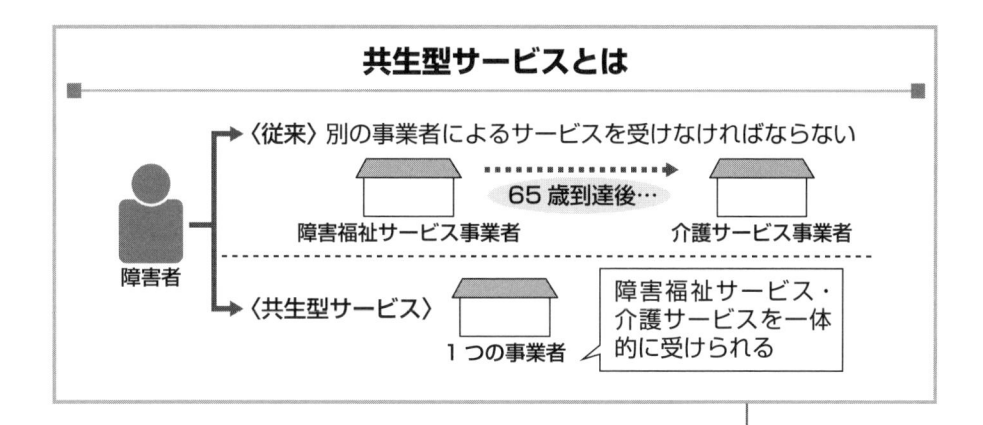

共生型サービスとは

〈従来〉別の事業者によるサービスを受けなければならない

65歳到達後…

障害福祉サービス事業者　　　　　　介護サービス事業者

障害者

〈共生型サービス〉

1つの事業者

障害福祉サービス・介護サービスを一体的に受けられる

は、これまで利用していた障害福祉サービス事業者とは別の介護サービス事業者による介護サービスを受けなければなりませんでした。特に高齢期に差しかかってから、これまで慣れていた施設とは異なる施設でのサービス利用を強制されるしくみであり、利用者の負担が非常に大きいことが問題視されていました。

　これに対して、共生型サービスでは、サービスを提供する事業者は、障害福祉サービス事業者として指定を受けているとともに、介護サービス事業者としての指定も受けていることが前提になります。そのため、障害者総合支援法に基づく障害福祉サービスを利用してきた者が、介護サービスの適用対象者になった後も、引き続き同じ事業者から、サービスの提供を受けることが可能になりました。

　共生型サービスは利用者のメリットが大きいといえますが、サービスを提供する事業者側にとってもメリットがあります。これまでのように両方のサービスが明確に区別されていた場合には、より多くの職員が必要になります。しかし、障害福祉サービスと介護サービスを一体的に提供する共生型サービスでは、両方のサービスを、同じ職員が提供することが可能になるため、効率的な人員の配置が可能になります。高齢社会への道を進む我が国では、障害者の高齢化も問題になるため、共生型

サービスによって、一体的なサービスの提供が可能になれば、より多くの利用者に対して、効率的に必要なサービスを提供することが可能になります。

　もっとも、共生型サービスが導入される以前にも、「基準該当サービス」という制度によって、介護福祉事業所が、障害福祉サービスを提供することが可能でした。基準該当サービスとは、一定の水準を満たす介護施設事業者に対して、障害者福祉施設事業者としての指定を受けていない場合であっても、例外的に一部の障害福祉サービスの提供を許可する制度です。基準該当サービスによって、障害者が高齢者になった後も、ある程度のサービスの連続性を確保することは可能ですが、基準該当サービスは、市町村ごとの取り組みに依存する割合が高く、市町村によっては実施していない場所もありました。そのため、より安定した制度の下で、障害者福祉と介護福祉の連続的なサービスの提供を可能にする、共生型サービスの必要性は高いといえます。

■ 対象者

　共生型サービスを利用する対象者は、介護サービスの対象者になる以前に、障害福祉サービスを利用していた人です。ただし注意が必要なのは、すべての介護サービスが共生型の対象になるわけではないという点です。

　具体的には、以下のように、障害福祉サービスと内容において、共通点が認められる、介護サービスのみが対象になります。

・訪問介護

　障害福祉サービスのうち、居宅介護や重度訪問介護と相互の共通点が認められます。

・通所介護（地域密着型通所介護を含みます）

　障害福祉サービスのうち、生活介護、自立訓練（機能訓練・生活訓練）、児童発達支援、放課後等デイサービスと相互の共通点が認められます。

共生型サービスの対象

共生型サービス　相互のサービスの共通点が認められる範囲で認められる

介護サービス

- 訪問介護 ⟷ 居宅介護や重度訪問介護
- 通所介護（地域密着型通所介護を含む） ⟷ **共通点** 生活介護、自立訓練（機能訓練・生活訓練）、児童発達支援、放課後等デイサービス
- 療養通所介護 ⟷ 生活介護、児童発達支援、放課後等デイサービス
- 短期入所生活介護（介護予防短期入所生活介護を含む） ⟷ 短期入所

障害福祉サービス

・療養通所介護

　障害福祉サービスのうち、生活介護、児童発達支援、放課後等デイサービスと相互の共通点が認められます。特に、生活介護や児童発達支援は、重症心身障害者あるいは、重度心身障害児が通う事業所に限定される点に、注意が必要です。

・短期入所生活介護（介護予防短期入所生活介護を含みます）

　障害福祉サービスの短期入所と、相互の共通点が認められます。

■ 基準や報酬はどうなっているのか

　共生型サービスは、障害福祉施設の利用者が、65歳以上になった場合などにおいて、引き続き同様の施設で、介護サービスを受けることが可能な体制を整えることに意義があります。

　そこで、サービスを提供する事業者としては、共生型サービスに対応するためには、障害福祉施設としての基準を満たす一方で、同時に介護保険施設としての基準も満たしているのであれば、共生型サービスを提供するにあたって、問題は生じないといえます。

　しかし、障害福祉施設と介護保険施設とでは、求められる基準に差があるため、一方の基準を満たさない場合があります。

> **療養通所介護について**
>
> 療養通所介護は、医療デイサービスとも呼ばれている。難病、脳疾患や末期のガンなどにより、重度の介護あるいは常時の看護が必要な者が対象に含まれる。

> **小規模多機能型居宅介護も対象**
>
> 障害福祉サービスに介護保険の小規模多機能型居宅介護と同様のサービスはない。しかし、障害福祉制度の基準該当のしくみにおいて、小規模多機能型居宅介護に通ってサービスを受けた場合等に、障害福祉サービスの給付対象として扱われていたことから、小規模多機能居宅介護も対象に含まれる。

たとえば、障害福祉施設として生活介護サービスを提供する事業者は、おもに以下の基準を満たす必要があります。

・管理者：専従の管理者の配置が必要です（ただし非常勤の者でもかまいません）。

・看護職員・理学療法士・作業療法士・生活支援員の総数については、利用者の区分に応じて基準が異なります。なお、いずれの場合であっても、生活支援員は常勤の者が1名以上、配置されていなければなりません。

ⓐ　平均障害支援区分が4未満の場合：利用者6の割合に対して、1の割合で配置する必要があります。

ⓑ　平均障害支援区分が4以上5未満の場合：利用者5の割合に対して、1の割合で配置する必要があります。

ⓒ　平均障害支援区分が5以上の場合：利用者3の割合に対して、1の割合で配置する必要があります。

・訓練・作業室：支障のない広さが必要です。

　これに対して、介護保険施設として通所介護サービスを提供する事業者は、おもに以下の基準を満たす必要があります。

・管理者：常勤で専従の者を配置しなければなりません。

・介護職員：利用者の割合5に対して1の割合で配置しなければなりません（利用者が15人までの場合は、1名以上配置）。ただし常勤の者が1名以上配置されなければなりません。

・食堂・機能訓練室：3㎡に利用定員数を乗じた面積が必要です。

　このように、障害福祉施設と介護保険施設とでは、基準が異なる部分があるため、どちらも基準を満たしている場合と一方の基準を満たす場合でも、他方の事業者としての基準には不足しているという場合があります。

　つまり、以下のように3つに区分することができます。

①　介護、障害福祉の基準をどちらも満たす場合

②　介護、障害福祉のいずれかの基準を満たせない場合で、満たしていない方のサービスの質や専門性を一定程度備えてい

る場合

③　介護、障害福祉のいずれかの基準のみ満たす場合

それぞれで、報酬の算定においては、差が設けられています。

①の場合、介護保険、障害福祉の制度から通常どおりの報酬を受けることができます。

②の場合、共生型サービスの報酬を受けることができます。ただし、①の場合に比べて報酬が減額されます。また、職員の配置などにより加算を受けることもできます。

また、③の場合も報酬が減額されます。現行の障害福祉の基準該当サービスと同じような扱いとなります。

具体的には、障害福祉サービス事業所（生活介護、自立訓練、児童発達支援、放課後デイサービスに限る）が通所介護（デイサービス）を提供する場合には、それぞれのサービス事業所に応じて基本報酬から5〜10%減額されます。また、短期入所の障害福祉サービス事業所が短期入所生活介護は基本報酬が8%減額されます。居宅介護を提供する事業所が訪問介護サービスを提供する場合には、訪問介護費と同じ報酬となります。ただし、訪問介護員の資格により7〜30%で減額されます。

サービス責任者を常勤で配置するなどの体制を整えている事業所に対して加算を行うことも可能です。

■ どのようにプランをつくるのか

共生型サービスにおいて、具体的なサービス内容についてプランを作成する場合には、注意するべき点があります。それは、障害福祉サービスのプランを作成するのは、相談支援専門員であるのに対して、介護サービスのプランを作成するのは、ケアマネジャーであり、プランの作成を担当する者が異なる点です。共生型サービスでは、双方のサービスを提供する必要があるため、相談支援専門員とケアマネジャーが必要な情報を共有し、相互に連携をとる体制を確保することが重要といえます。

介護事業所による障害福祉サービスの提供
この場合も、障害福祉サービスごとに単位数が決められている。

相談支援専門員の要件
相談支援専門員になるための要件として、①実務経験（障害者の保険・医療・福祉などについて3年から10年）、一定の研修の修了が必要である。

共生型サービス②

それぞれのサービスの適性を理解する必要がある

■ すべてのサービスが受けられるわけではない

　共生型サービスは、障害福祉サービスと介護サービスの、相互に共通性が認められるサービスについて、利用者に一体的にサービスを提供することができます。共生型サービスは、おもに以下のように分類することができます。

① 　ホームヘルプサービス

② 　デイサービス

③ 　ショートステイ

④ 　その他のサービス

　共生型サービス以前の「基準該当」においても、障害者などが小規模多機能型居宅介護のサービスを受けた場合には、障害福祉サービスの給付対象として扱われていたことから、④のサービスもサービスに含まれています。

■ どんなサービスが受けられるのか

　以下では、個別具体の共生型サービスの内容について見ていきましょう。

① 　ホームヘルプサービス

　ホームヘルプサービスは、障害福祉サービスにおける居宅介護・重度訪問介護（障害児は対象に含まれない）、そして介護サービスについては訪問介護に該当するサービスです。訪問介護員などが、利用者の居宅において入浴・排せつ・食事などの介護の他、調理・洗濯・掃除などの家事サービスを提供します。

② 　デイサービス

共生型サービスの
対象が限定される
理由

共生型サービスの対象（次ページ図）として示したサービス内容は、概ね①から③のサービスが該当し、④のようなサービスは取り上げていない。というのも、④のサービスには、たとえば小規模多機能型居宅介護が含まれるが、これは介護サービスにのみ存在するサービスで、障害福祉サービスにおいては、該当するサービスはない。

共生型サービスの内容

共生型サービス

❶ ホームヘルプサービス
訪問介護員などが、利用者の居宅において入浴・排せつ・食事などの介護の他、調理・洗濯・掃除などの家事サービスを提供

❷ デイサービス
入浴・排せつ・食事の介護などの他、生活上の相談や助言などの提供

❸ ショートステイ
一時的に利用者が、施設を利用することができるサービス

❹ その他のサービス（小規模多機能型居宅介護）
施設への通所サービスを基本に、必要に応じて、利用者の居宅への訪問サービスや、施設への宿泊などを提供するサービス

デイサービスは、障害福祉サービスにおける生活介護、そして介護サービスについては通所介護に該当するサービスです。

入浴・排せつ・食事の介護などの他、生活上の相談や助言などを行います。また、創作活動や単純労働などの生産活動の機会の提供や、日常生活上の機能訓練なども提供されます。

③　ショートステイ

ショートステイは、障害福祉サービスにおける短期入所、そして介護サービスについては短期入所生活介護に該当するサービスです。一時的に利用者が、施設を利用することができるサービスです。注意が必要なのは、共生型サービスとして設定されているのは、併設型・空将利用型のショートステイのみであるという点です。

④　その他のサービス

その他のサービスには、小規模多機能型居宅介護が挙げられます。小規模多機能型居宅介護とは、施設への通所サービスを基本に、必要に応じて、利用者の居宅への訪問サービスや、施設への宿泊などを提供するサービスのことです。

介護保険と医療保険の関係

■ 医療保険とは

　医療保険とは、社会保険制度の一環として、国が国民に対して、医療を受ける機会を保障する制度です。医療を利用する者（被保険者）は、あらかじめ保険料を負担します。実際に医療サービスが必要になった時点で、わずかな負担で（原則として自己負担額は３割）サービスが受けられます。

　医療保険制度は、おもに以下の３つから成り立っています。

① 健康保険

　健康保険は、会社などに雇用されている人を対象とする医療保険です。労働者は、給与の支払いにあたって、医療保険の保険料を強制的に天引きされます。そうすることで会社が労働者に代わってその保険料を支払っています。

② 国民健康保険

　国民健康保険は、自営業者など、健康保険の対象に含まれない人が利用することができる医療保険です。国民健康保険の保険者は、都道府県あるいは市町村です。

③ 後期高齢者医療制度

　後期高齢者医療制度は、高齢者医療を社会全体で支えるため、原則として75歳以上の高齢者が利用する医療保険です。高齢者の場合、所得が低く医療費が高い傾向にあり社会保険財政がひっ迫する要因にもなっています。

■ どんな場合に必要になるのか

　人は誰もがケガをしたり病気にかかります。その際に、病院

後期高齢者医療制度の自己負担額

後期高齢者医療制度の被保険者は、保険料の自己負担額として１割を負担する。

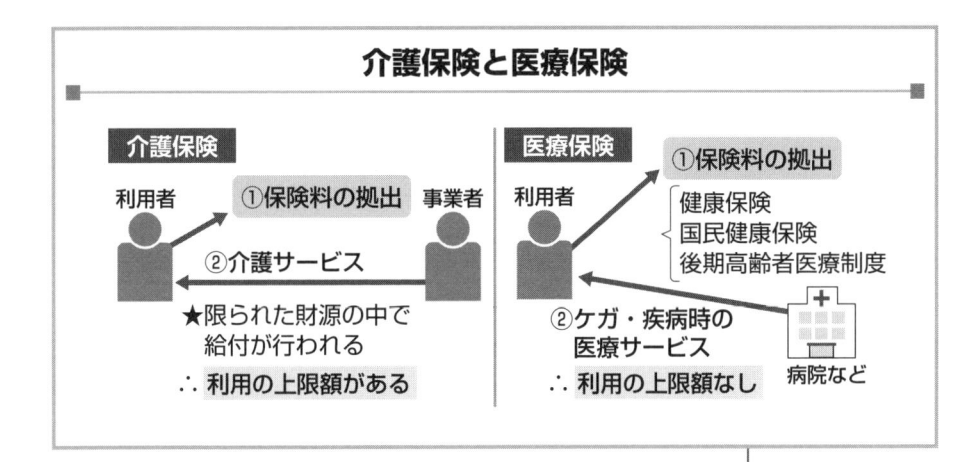

介護保険と医療保険

介護保険

利用者 　①保険料の拠出　事業者

②介護サービス

★限られた財源の中で
　給付が行われる

∴ 利用の上限額がある

医療保険

利用者 　①保険料の拠出

健康保険
国民健康保険
後期高齢者医療制度

②ケガ・疾病時の
　医療サービス　　病院など

∴ 利用の上限額なし

などでかかった費用について、すべて自己負担額としてしまう
と、経済的な事情から必要な医療サービスを受けることができ
ないおそれがあります。そこで、医療サービスを受ける時点で、
あらかじめ支払っていた保険料に基づき、医療保険が給付され
ることによって、利用者負担額のみで、必要な医療サービスを
受けることが可能になります。

■ 介護保険と医療保険はどこが違う

　介護保険は、日常生活における動作のサポートなどが含まれ
るため、一般に利用者が提供を受けるサービスの量も多く、期
間も長期化しがちです。これに対して、医療保険は、人が負傷
した場合、あるいは、疾病にかかった場合に利用する制度です
ので、ケガや病気の治療に必要な給付を受けることができます。
　特に、介護保険利用者の高齢化が進む我が国では、介護保険
の利用期間の長期化が問題になっています。そこで、限られた
財源の中で、広く必要なサービスを行き渡らせるためにも、利
用者が1か月で利用することができる介護サービスの利用額に
は上限額が設定されています。一方、医療保険においては、利
用額の上限はありません。

介護保険と各種制度の優先関係

原則として介護保険の適用が優先される

■ 法律の優先関係を知っておく必要がある

医療サービスと介護サービスは、分離することが難しく、重なり合う部分が多くあります。法制度においても、かつては医療保険の中で、高齢者に対する介護が提供されていました。しかし、一般に高齢者の介護は長期間に渡ることが多く、医療費における高齢者介護費用の割合が増加することや、医療サービスではなく介護サービス中心で長期間入院する高齢者が多くいることから、介護による入院の長期化（社会的入院といいます）が問題視されていました。

そこで現在では、医療保険とは独立した介護保険制度が確立されています。これにより、社会的入院の問題の解消の他に、高齢者にとっても、画一的なサービスの提供を受けるのではなく、必要な介護サービスを選択して、自宅での生活を続けるなど、生活の変化が小さい環境の中で、快適な介護サービスの提供を受けられるしくみが整えられているといえます。

したがって、医療保険と介護保険とでは、原則として介護保険が優先して適用されることになります。

■ 優先関係の例外

介護保険と医療保険のいずれかが適用されるのかが問題になった場合に、例外的に、医療保険が優先的に適用されるケースもあります。その典型的なケースとして、末期ガンの患者などが挙げられます。病状回復の見込みがない、末期ガンの患者においては、病状の進行に合わせて必要なケアが変わっていく

介護保険と老人福祉の関係

本文記載の医療サービスの他、かつて老人福祉法に基づき提供されていた在宅や施設における介護サービスも、現在では原則として介護保険を通して提供されている。

介護保険と各種制度の優先関係

医療サービス
【医療保険】

介護サービス
【介護保険】

障害福祉サービス
【障害者福祉】

【原則】介護保険が優先
⇒末期ガン患者や特定の疾患の
患者は例外的に医療保険が優先

【原則】介護保険が優先
⇒介護保険にないサービスなどにつ
いて、障害福祉サービスが優先

一方で、ケアの内容も繊細さが要求されます。また、介護保険では、利用額の上限があるため、一定程度以上のサービスを利用した場合には、利用者本人が上限額以上の費用を負担しなければなりません。しかし、医療保険では、上限額の設定は行われていないため、利用者が重い経済的負担を強いられることなく、必要な医療サービスを受けることができます。

その他にも、国が指定した特定の疾患（筋ジストロフィーなど）など、症状の固定が見られず、入院期間が長期に渡っても、社会的入院の問題が生じないような場合には、介護サービスよりも医療保険が優先的に適用されるケースがあります。

■ 障害者総合支援法との関係

介護サービスの提供という観点から見ると、介護保険の他に、障害者総合支援法に基づく障害福祉サービスがあります。特に、高齢社会の進展に伴い、65歳以上の障害者の人口が増加しています。そのため、それ以前に障害福祉サービスの提供を受けていた障害者が、介護サービスの保険者としての資格をあわせ持つ、ということが起こっています。そこで、介護サービスと、障害福祉サービスのうち、特に自立支援給付は、内容的に重複が見られるため、どちらかを優先的に適用するべきなのか問題

になります。

　障害者総合支援法は、この場合に備えて規定を設けています。具体的には、この場合には、原則として介護サービスが優先的に適用されます。なお、介護保険制度においては、原則として介護サービスの利用者は1割の自己負担額を支払わなければなりません。これに対して、障害福祉サービスにおいては、一律に自己負担額の割合が決定されておらず、利用者の経済力に応じて、負担可能な金額を支払うことでサービスを利用することができます。そのため、障害福祉サービスを継続的に利用していた人が、65歳を迎え、介護サービスの被保険者としての資格を取得し、介護サービスの適用に移ることで、以前よりも高額な金額の自己負担額の支払いが必要になる場合があります。そこで、障害福祉サービスを長期的に利用していた人が、介護サービス移行に伴う、増える負担を軽減するために、高額障害福祉サービス等給付費が支給されています。

　ただし、例外的に障害福祉サービスの提供が優先される場合もあります。それは、介護サービスに、障害福祉サービスと同様のサービスがない場合が挙げられます。たとえば、介護サービスには、障害福祉サービスと異なり、行動援護や就労移行支援などに該当するサービスがありません。そこで、介護保険制度が用意していないサービスが必要な障害者は、障害福祉サービスを利用することができます。また、介護保険における居宅介護サービス費は、支給に限度が設けられていますので、介護保険制度では十分なサービスが受けられない障害者については、不足する部分について、障害福祉サービスを上乗せして利用することができます。このように、利用者に必要なサービスが、障害福祉サービスの中にしかないような場合には、例外的に介護サービスよりも優先的に適用されます。

　なお、障害福祉サービスを利用していた障害者が、たとえば65歳になれば、今後は介護サービスの利用が求められますが、

そのときに、サービス事業者が介護保険法に基づく指定を受けていない場合には、それまで慣れていた事業者とは別の事業者からサービスを受けなければならないなどの不都合が生じていました。現在では、障害者と高齢者に対して、同一の施設でサービスを提供することをめざして、共生型サービス（48ページ）が設けられています。これによって、たとえば障害福祉サービス事業者が介護保険法に基づく指定を容易に得ることが可能なしくみが整えられています。

共生型サービス

共生型サービスについて、本文では障害者総合支援法との関係について言及している。もっとも、介護保険法と児童福祉法との関係においても、共生型サービスが導入されている点に注意が必要である。

■ 労災保険との関係

労働者が、勤務中や通勤中に遭った傷害や疾病に対して、労働災害補償保険法（労災保険法）に基づく補償を受けることができます。これが労災保険です。労働者が労災事故によって、重度の障害が残る状態に陥ることもあります。その場合には、労災保険において、介護補償給付の支給が認められています。

具体的には、障害補償年金あるいは傷病補償年金の受給資格を持つ労働者が、たとえば、胸腹部臓器の機能に著しい障害が残るような事故に遭い、常時あるいは随時介護が必要になった場合には、介護補償給付費として一定の金額が支給されます。

原則として、介護保険よりも、労災保険における介護補償給付が優先的に適用されます。つまり、介護補償給付費が支給されている場合、原則として介護保険給付は受けられません。

ただし、介護補償給付費には上限額が設定されています。たとえば、親族、知人・友人の介護を受けていない労働者について、常時介護が必要な場合には165,150円が支給され、随時介護が必要な場合には82,580円が支給されます。

そのため、介護補償給付を受給している労働者が、介護補償給付費の上限額を超えて、介護サービスの提供を受けようとしている場合で、その金額が介護保険の給付の範囲に含まれる場合には、例外的に介護保険の給付を受けることが可能になります。

保険外サービスの活用と混合介護

介護サービスと介護保険外サービスの併用ができる

■ 介護保険外サービスとは

介護保険外サービスとは、介護保険の対象から外れるサービスのことです。保険外サービスの利用料については、全額を利用者が負担しなければなりません。たとえば、訪問介護において、利用者がサービス提供事業者に対してペットの散歩を任せたり、通所介護において、介護施設内で散髪などの利用サービスなどを受けるなどの例が挙げられます。

■ 混合介護は認められているのか

利用者は、介護保険の対象に含まれるサービスと、保険外サービスを併用して利用できます。これを混合介護といいます。

また、介護保険に含まれるサービスであっても、混合介護の対象に含まれる場合があります。というのは、介護サービスは上限なく受けることができず、支給限度額が決められているためです。そのため、介護保険の対象に含まれるサービスを受給しているとしても、支給限度額を超えたサービスの利用は、利用者自身が全額について利用料を負担しなければなりません。この場合にも、混合介護の問題になります。医療保険では、医療保険対象の診療サービスと併用して、対象外の診療サービスを受ける（混合診療）ことは認められていません。混合介護が認められることは、利用者にとって、介護保険の枠組みにとらわれずに、自身が望む生活スタイルの中で、必要なサポートを受けることができるというメリットがあります。

事業者の側としても、これまで提供してきたサービス以外の

混合介護のメリット

利用者が介護サービス以外のサービスを広く受けられることになれば、その分、介護に時間を割かなければならない同居家族などの負担が軽減される点も、混合介護のメリットである。

混合介護において事業者に求められること

【混合介護に共通して事業者が対応すべき事項】
- ・介護保険対象のサービスと対象外のサービスの明確な区別
- ・介護サービスとは別に基本的な指針と利用料を定めること
- ・混合介護に関する事項について契約締結前に文書で利用者に同意を得ること
- ・介護サービス適用のサービスから保険外サービスに移行のタイミングに関する説明
- ・介護保険対象のサービスと会計を明確に区別すること

※通所介護について

> 散髪や施設に併設している医療機関の利用以外に、健康診断や予防接種、買い物代行などが混合介護の対象に追加

サービスの提供が可能であり、付加的に提供したサービスについて、収益の増加を見込むことが可能になります。

　一方で、混合介護にはデメリットもあります。利用者側のデメリットとして、サービスが多様化することにより、介護サービスの自己負担額以外の費用が必要になるため、利用料の負担が増加するというデメリットが、もっとも大きな問題として挙げられます。介護保険制度は、誰もが必要になる可能性が高い介護サービスについて、公平にサービスを受けることができるためのしくみとして機能しています。しかし、混合介護が認められる範囲が広くなればなるほど、利用者の負担額は大きくなるため、経済的に余裕がある人のみが、混合介護を利用できる制度となるおそれが高く、介護保険制度の公平性に反すると考えられています。また、サービスを提供する事業者にとっても、定型外のサービスの提供に応じなければならないという物理的負担の他、個別の対応が必要にならざるを得ず、提供するサービスの内容においても、介護保険制度の公平性を害する危険もあります。

厚生労働省による通知

厚生労働省は、混合介護のデメリットに対応するために、通達により、一定の枠組みを定めている。
① 訪問介護について
訪問介護における混合介護については、介護保険対象のサービスと、対象外のサービスを明確に区別することが求められている。
② 通所介護について
厚生労働省の通知では、散髪や施設に併設している医療機関の利用以外に、健康診断や予防接種、買い物代行など、新たに混合介護の対象として追加されるサービス内容が記載されている。

介護保険制度の改正はなぜ行われるのか

高齢者が置かれる社会的状況や、利用者のニーズの動向に合わせて、利用者の長期療養に備えた制度設計や、地域全体で利用者を支えるしくみを整える必要性があり、介護保険制度は、必要に応じて制度の改正や見直しが行われています。

介護保険制度は2000年から導入され、附則では、制度開始から「5年」をめどに、制度の見直しを行うとの規定がありました。この規定を受けて、2006年に地域密着型サービスの導入などを含む大規模な改正が行われました。

現在では、介護保険の保険者である市町村などは、市町村介護保険事業計画などを策定します。この介護保険事業計画の見直しが3年ごとに行われるため、それに合わせて、介護保険制度も改正や見直しが行われています。

介護保険制度が開始された2000年から、3年ごとに区切ると、2018年から2020年は第7期に該当します。第7期における見直しに合わせて、2018年施行の介護保険法改正では、介護医療院の新設や、特に所得が高い利用者の自己負担額を、3割に引き上げるなどの改正が行われました。

介護保険制度の見直しと同様に、介護報酬も改定されます。介護報酬は、介護サービスごとに決定されますが、1単位10円として決定される各介護サービスの価格は、利用者の利用頻度やサービス内容と、実際にサービスを提供する事業者の人員の確保など、状況の変化に応じて、当初定めていた価格が実情に見合わなくなってしまうことも少なくありません。また、サービス利用者の総数とサービス提供事業者の総数などを考慮して、現在の介護報酬では不均衡が生じる場合には、適宜、介護報酬の引き上げや引き下げが行われています。

PART 2

介護保険と関係する医療保険のしくみ

療養の給付と療養費

一部の負担金で診察などを受けることができる

■ 療養の給付は現物支給で、自己負担部分がある

介護サービスと医療保険サービスは密接に関係しています。介護サービスを利用するきっかけとなるのが、「長期の入院でリハビリの介護が必要になった」「脳卒中などの病気で身体介護が必要になった」というケースが多いからです。また、高齢になればなるほど、身体機能の低下とともに医療の依存度も高くなっていくのが普通です。このPARTでは、介護保険と関係するおもな医療保険の給付を見ていきましょう。

療養の給付とは、業務外の病気、ケガなどについて、病院や診療所などで診察を受けたり、手術を受けたり、入院するときに受けることができる給付で、最も利用される給付です。また、保険薬局で薬を調剤してもらったときも給付を受けることができます。療養の給付は治療（行為）という現物により支給されます。

しかし、治療費用のすべてが支給されるわけではなく、被保険者は年齢に応じて2割もしくは3割の定率負担で一部負担金を支払うことになります。

なお、健康保険の療養の給付の範囲は次ページの図のようになっています。

■ 療養費はやむを得ない場合の現金給付

健康保険では、病気やケガなどの保険事故に対して、療養という形で現物給付するのが原則です。しかし、保険者が療養の給付が困難であると認めたときや、被保険者が保険医療機関・保険薬局以外の医療機関・薬局で診療や調剤を受けたことにつきやむ

現物給付

お金ではなく「治療」という行為で給付されるということ。一方、金銭による給付を現金給付という。

一部負担金

療養の給付にかかった費用のうちの自己負担分。義務教育に就学後、70歳未満の者は3割、70〜74歳の者と義務教育就学前の者は2割を負担する。

療養の給付の範囲

	範 囲	内 容
①	診察	診断を受けるための各種の行為
②	薬剤、治療材料の支給	投薬、注射、消耗品的な治療材料など
③	処置、手術　その他の治療	その他の治療とは、理学的療法、マッサージなど
④	居宅における療養上の管理とその療養に伴う世話その他の看護	寝たきりの状態にある人などに対する訪問診療、訪問看護
⑤	病院または診療所への入院とその療養に伴う世話その他の看護	入院のこと。入院中の看護の支給は入院診療に含まれる

※業務災害・通勤災害による病気やケガの治療、美容整形、一般的な健康診断、正常な妊娠、出産などは療養の給付の対象とはならない

を得ないと認められたときは、療養費として現金が給付されます。

たとえば次のような場合が考えられます。

① **無医村などの場合**

近隣に保険医療機関が整備されていない地域において、緊急のために保険医療機関以外で診療などを受けた場合に支給されます。

② **準医療行為**

骨折、脱臼、打撲、捻挫などで柔道整復師の施術を受けた場合に支給されます。ただし、柔道整復師が行う骨折、脱臼の治療については、応急手当の場合以外は医師の同意が必要です。

③ **治療用装具**

療養上必要な装具（コルセット、関節用装具など）を購入した場合に支給されます。

④ **事業主による資格取得届の未提出など**

事業主が健康保険の資格取得届の提出をしていることになっているにもかかわらず、保険医療機関で被保険者であることが証明できない場合や事業主が資格取得届を怠っている場合に支給されます。

保険外併用療養費

保険診療と保険外診療を併用した場合の給付

■ 保険診療との併用がある場合に行われる給付

健康保険では、保険が適用されない保険外診療があると保険が適用される診療も含めて、医療費の全額が自己負担となるしくみとなっています（混合診療禁止の原則）。

ただし、保険外診療を受ける場合でも、厚生労働大臣の定める評価療養と選定療養については、保険診療との併用が認められています。具体的には、通常の治療と共通する部分（診察・検査・投薬・入院料など）の費用は、一般の保険診療と同様に扱われ、その部分については一部負担金を支払うこととなり、残りの額は保険外併用療養費として健康保険から給付が行われます。また、被扶養者の保険外併用療養費にかかる給付は、家族療養費として給付が行われます。

なお、介護保険法で指定されている指定介護療養サービスを行う療養病床などに入院している患者は、介護保険から別の給付を受け取ることができます。そのため、二重取りにならないように、保険外併用療養費の支給は行われません。

家族療養費
被保険者の被扶養者が病気やケガをして、保険医療機関で療養を受けたときの給付。家族療養費は被保険者が受ける療養の給付、療養費、保険外併用療養費、入院時食事療養費を一括した給付である。

■ 評価療養と選定療養

評価療養とは、保険適用前の高度な医療技術を用いた医療や新薬など、将来的な保険適用を前提としつつ保険適用の可否について評価中の療養のことです。たとえば、先進医療、薬事法承認後で保険収載前の医薬品、医療機器、再生医療等製品の使用、薬価基準収載医薬品の適応外使用なども評価療養に含まれます。

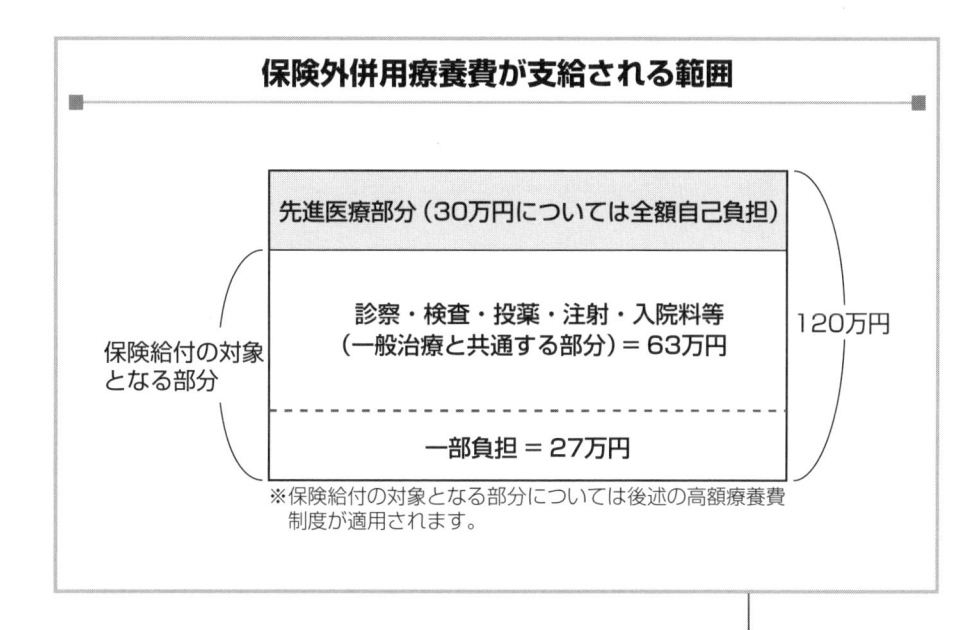

保険外併用療養費が支給される範囲

先進医療部分（30万円については全額自己負担）

保険給付の対象となる部分

診察・検査・投薬・注射・入院料等
（一般治療と共通する部分）＝63万円

一部負担＝27万円

120万円

※保険給付の対象となる部分については後述の高額療養費制度が適用されます。

一方、選定療養とは、個室の病室や、予約診療や、紹介状なしの大病院受診、保険で認められている内容以上の医療行為など、患者本人が希望して受ける「特別な療養」のことです。200床以上の病院の未紹介患者の初診、200床以上の病院の再診、制限回数を超える医療行為、180日を超える入院、前歯部の材料差額、金属床総義歯、小児う触の治療後の継続管理などが選定医療に含まれます。

■ 保険外併用療養費の具体例

たとえば、総医療費が120万円、うち先進医療についての費用が30万円だった場合、①先進医療についての費用30万円は、全額を患者が負担することになります（上図参照）。

一方、②通常の治療と共通する部分（診察、検査、投薬、入院料）については7割（63万円分）が保険外併用療養費として給付される部分になります。結局、30万円と27万円を合わせた57万円について、患者が自己負担することになります。

高額療養費制度の適用

診察、検査、投薬、入院料保険給付についての一部負担部分については、高額療養費制度（70ページ）も適用される。

高額療養費

治療費が高額になったときの給付である

■ 高額療養費は高度医療の自己負担額を抑える

病院や診療所で医療サービスを受けた場合、少ない負担でより良い医療を受けられる反面、長期入院や手術を受けた際の自己負担額が高額になることもあります。自己負担額が一定の基準額を超えた場合に被保険者に給付されるのが高額療養費です。

■ 高額療養費は所得が低い人ほど手厚く支給される

高額療養費は、被保険者や被扶養者が同じ月に同じ病院などで支払った自己負担額が、高額療養費算定基準額（自己負担限度額）を超えた場合、その超えた部分の額が高額療養費として支給されます。高額療養費算定基準額は、一般の者、上位所得者、低所得者によって、計算方法が異なっています。上位所得者ほど自己負担額が高くなります。

次ページ図の、「医療費の負担限度額」欄の総医療費（療養に要した費用）とは、同じ月に同じ病院などで支払った医療費の総額です。

「同じ月に同じ病院など」とは、暦月1か月内（1日から末日まで）に通院した同じ診療科であることが必要です。したがって、たとえ実日数30日以内であっても、暦月で2か月にまたがっている場合は「同じ月」とはいえません。

また、同じ月で同じ病院に通院していたとしても、診療科が異なっている場合も対象外です。なお、同じ診療科でも入院・通院別に支給の対象になるかどうかを計算します。

この場合、差額ベッド代や食事療養費、光熱費などは高額療

医療費の自己負担限度額

●1か月あたりの医療費の自己負担限度額（70歳未満の場合）

所得区分	自己負担限度額	多数該当
標準報酬月額 83万円以上の方	252,600円＋ （総医療費－842,000円）×1%	140,100円
標準報酬月額 53万円～79万円の方	167,400円＋ （総医療費－558,000円）×1%	93,000円
標準報酬月額 28万円～50万円の方	80,100円＋ （総医療費－267,000円）×1%	44,400円
一般所得者 （標準報酬月額26万円以下）	57,600円	44,400円
低所得者 （被保険者が市町村民税 の非課税者等）	35,400円	24,600円

●1か月あたりの医療費の自己負担限度額（70～74歳の場合）

被保険者の区分		医療費の負担限度額	
		外来(個人)	外来・入院(世帯)
①現役並み所得者（負担割合3割の方）	現役並みⅢ （標準報酬月額 83万円以上）	252,600円＋（総医療費-842,000円）×1% （多数該当：140,100円）	
	現役並みⅡ （標準報酬月額 53万～79万円）	167,400円＋（総医療費-558,000円）×1% （多数該当：93,000円）	
	現役並みⅠ （標準報酬月額 28万～50万円）	80,100円＋（総医療費-267,000円）×1% （多数該当：44,400円）	
②一般所得者 （①および③以外の方）		18,000円 （年間上限14.4万円）	57,600円 （多数該当：44,400円）
③低所得者	市区町村民税の 非課税者等	8,000円	24,600円
	被保険者とその扶養 家族全ての方の所得 がない場合		15,000円

養費の対象にはならないので注意が必要です。高額療養費に該当するかどうかは領収書に記載されている一部負担額が保険内か保険外かを見て判断します。

■ 高額療養費はどのように計算されるのか

前ページの図のように高額療養費は70歳未満、70 〜 74歳で自己負担限度額が異なります。70 〜 74歳では一般的に収入がないため、限度額が低めに設定されています。ただし、現役並みに所得がある場合は、70歳未満と同様の負担限度額が定められています。

具体的な高額療養費の計算は、70歳未満の者だけの世帯と70 〜 74歳の者がいる世帯では異なります。

① 70歳未満の者だけの世帯

高額療養費には世帯合算という制度があります。世帯合算は、同一世帯で、同一の月1か月間（暦月ごと）に21,000円以上の自己負担を支払った者が2人以上いるときに、それぞれを合算して自己負担額を超えた分が高額療養費として払い戻される制度です。世帯合算する場合もそれぞれの個人は同一医療機関で医療費を支払っていることが要件になります。

つまり、被保険者や被扶養者が同一の月に同一医療機関から受けた療養の自己負担分（21,000円以上のものに限る）を合算した額から、前ページの上図の該当金額を控除した額が高額療養費として給付されます。

また、高額療養費には「多数該当」という自己負担限度額を軽減させる制度があります。具体的には、同一世帯で1年間（直近12か月）に3回以上高額療養費の支給を受けている場合は、4回目以降の自己負担限度額が下がります。

② 70 〜 74歳の者がいる世帯

この世帯では、世帯合算を行う前に、前ページの下図の個人ごとの外来療養について、自己負担額から該当する限度額を控除して高額療養費を計算します。さらに、それでも残る自己負担額を世帯（70 〜 74歳のみ）ごとに合算した金額から該当する限度額を控除して高額療養費を計算します。この際、外来療養だけでなく、入院療養の自己負担額を加えることができます。

多数該当

1年間に4回以上高額療養費を受けた者は4回目の月から自己負担減度額が下がること。

特定疾患患者の高額療養費

慢性腎不全の患者で人工透析を行っている人や、血友病患者、エイズ患者については、自己負担の限度額が10,000円となっている。

高額療養費の計算例

Aさん（52歳、所得：一般）	Bさん（72歳、所得：一般）	Cさん（74歳、所得：一般）
自己負担額 ○○病院(外来) 10,000円 △△病院(入院) 450,000円	自己負担額 ○○病院(外来) 50,000円	自己負担額 ○○病院(外来) 70,000円 △△病院(外来) 100,000円

① **70〜74歳の個人ごとの外来療養の高額療養費を計算**
　Bさん　50,000−18,000（71ページ下図）=32,000円 ⇒18,000円は自己負担
　Cさん　70,000−18,000（71ページ下図）=52,000円 ⇒18,000円は自己負担

② **70〜74歳の世帯ごとの外来・入院療養の高額療養費を計算**
　18,000+18,000+100,000−57,600（71ページ下図）=78,400円
　⇒57,600円は自己負担

③ **70歳未満も含めた世帯ごとの外来・入院療養の高額療養費を計算**
　57,600+450,000−57,600（71ページ上図）=450,000円
　高額療養費　32,000+52,000+78,400+450,000=612,400円
　※Aさんの外来療養は21,000円以下なので対象外となる

最後に①の70歳未満の世帯合算の計算を行うことになります。つまり、3段階で高額療養費を計算するということです。

■ 事前に申請すると自己負担限度額だけの支払いですむ

　高額療養費が支給され、最終的な負担額が軽減されても、医療機関の窓口で一度支払いをしなければなりません。したがって金銭的な余裕がないと、そもそも医療を受けることができないこともあります。そのため入院する人については高額療養費の現物支給化の制度を利用することができます。申請は、国民健康保険の場合は市区町村の窓口、協会けんぽの場合は各都道府県支部、それ以外の医療保険に加入の場合は勤め先の健康保険組合に、限度額適用認定証の申請を行います。これを医療機関に提示することで、自己負担限度額のみの支払いですみます。

高額医療・高額介護合算療養費制度

医療費と介護サービス費の合計が上限を超えた場合、返金される

■ 自己負担軽減の目的で設けられた

　1か月の間に医療費が高額となり、一定の額を超えて自己負担額を支払ったとき、「高額療養費」として一定の額を超えた分が支給されます。また、同様に介護サービス費が高額となり、一定の額を超えた場合は、「高額介護サービス費」が支給されます。介護サービス費の高額負担者は、医療費の高額負担者であることも多く、それぞれの制度の自己負担上限額を負担する場合、その合計額は大きな負担となります。

　そこで、その自己負担を軽減する目的で、高額医療・高額介護合算療養費制度が設けられました。この制度は、年額で限度額が設けられ、医療費と介護サービス費の自己負担額の合計が著しく高額となる場合、申請して認められるとその超過額が後から支給されます。

　対象となるのは、被用者保険、国民健康保険、後期高齢者医療制度の医療保険各制度の世帯で、介護保険の受給者がいる場合です。毎年8月1日からの1年間で、その世帯が自己負担する医療費と介護サービス費の自己負担額の合計が、設定された自己負担限度額を超えたときに、超えた金額が支給されます。

　この自己負担限度額は、60万円が基本ベースとなっていますが、加入している医療保険の各制度や世帯所得によって細かく設定されています。

　自己負担限度額は、世帯の年齢構成や所得区分によって図のように異なります。

高額介護合算療養費の受給

医療保険・介護保険の自己負担額のいずれかが0円である場合は受給できない。
また、高額療養費が受給できなくても、高額介護合算療養費の要件を満たす場合には、高額介護合算療養費を受給することができる。

被用者保険

勤務先を通して加入する健康保険のこと。中小企業で働く従業員などが加入する協会けんぽ（政府管掌健康保険）や大企業で働く従業員などが加入する健康保険組合（組合管掌健康保険）が該当する。

高額介護合算療養費の自己負担限度額

70歳未満の場合

所得区分	基準額
標準報酬月額　83万円以上の方	212万円
標準報酬月額　53万円〜79万円の方	141万円
標準報酬月額　28万円〜50万円の方	67万円
標準報酬月額　26万円以下の方	60万円
低所得者 （被保険者が市町村民税の非課税者等）	34万円

※なお、70〜74歳場合、上表と異なり、①現役並み所得者（標準報酬月額28万円以上で高齢受給者証の負担割合が3割の方67〜212万円、②一般所得者（①および③以外の方）56万円、③低所得者で被保険者が市町村民税の非課税者等である場合31万円、被保険者とその扶養家族すべての方の所得がない場合19万円となります。

■ 合算を利用するときの手続き

　医療保険が後期高齢者医療制度または国民健康保険の場合は、医療保険も介護保険も所管が市区町村なので、役所の後期高齢者医療または国民健康保険の窓口で支給申請を行います。ただし、年の途中（1年とは8月1日から翌年の7月31日まで）で、医療保険が変更になっている場合（たとえば他の市区町村から移転してきた場合など）は、以前加入していた医療保険窓口に「自己負担額証明書交付申請書」を提出し、「自己負担額証明書」を受け、現在の市区町村に提出します。

　一方、被用者保険の場合、医療保険と介護保険の所管が異なるため、まず介護保険（市区町村）の窓口で介護保険の自己負担額証明書の交付を受け、これを添付して協会けんぽや健康保険組合など、各被用者保険の窓口で、高額医療・高額介護合算制度の支給申請をする必要があります。

入院時食事療養費・生活療養費

入院に伴い食事の提供を受けたときの給付

■ 入院中の食事の提供を受けることができる

病気やケガなどをして入院した場合、診察や治療などの療養の給付（現物給付）の他に、食事の提供を受けることができます。この食事の提供（現物給付）としての保険の給付を入院時食事療養費といいます。

ただし、後期高齢者医療給付における入院時食事療養費を受けることができる者には、同法による給付があるため、健康保険からの支給は行われません。

入院時食事療養費の給付を受けた場合、原則として1食あたり460円の自己負担額を支払う必要があります。これを標準負担額といいます。標準負担額については、次ページの図のような住民税非課税者などへの減額措置が設けられています。

■ 入院時生活療養費はどんな場合に支給されるのか

介護保険が導入され、要介護認定された人はさまざまな介護サービスを受けることができるようになりました。一方で入院患者は、症状が重い間は、医師や看護婦により十分な看護を受けていますが、ある程度症状安定し、リハビリが必要となる段階で、看護が少なくなり、65歳以上の高齢者は介護を受けながら生活するようになります。そこで、介護保険との均衡の観点から、入院する65歳以上の方の生活療養に要した費用について、保険給付として入院時生活療養費が支給されています。

入院時生活療養費の額は、生活療養に要する平均的な費用の額から算定した額をベースに、平均的な家計における食費及び

**介護サービスと
入院時食事療養費**

介護保険法に規定する指定介護療養施設サービスを行う療養病床等に入院中の者には、健康保険からの入院時食事療養費は受給されない。

**後期高齢者
医療給付**

病気やケガで病院にかかったときの療養の給付など、後期高齢者医療制度（80ページ）によって行われるサービスのこと。

標準負担額

健康保険の入院時食事療養費の給付を受けた場合の自己負担額のこと。原則として1食あたり460円。

入院時の食事療養・生活療養についての標準負担額

	対象者区分	標準負担額 （1食あたり）
1	原則	460円
2	市区町村民税の非課税対象者等で減額申請の月以前12か月以内に入院日数90日以下の者	210円
3	2の者で減額申請の月以前12か月以内に入院日数90日を超える者	160円
4	70歳以上の低所得者	100円

入院時の生活療養についての標準負担額

区　分	食費についての患者の負担額	居住費についての患者の負担額
①　一般の被保険者で、栄養管理などの面で厚生労働大臣の定める保健医療機関に入院している者	1食につき460円	1日につき370円
②　一般の被保険者で、①以外の保険医療機関に入院している者	1食につき420円	
③　市区町村民税の非課税対象者	1食につき210円	
④　70歳以上の低所得者	1食につき130円	

光熱水費など、厚生労働大臣が定める生活療養標準負担額を控除した額、となっています。

　なお、低所得者の生活療養標準負担額については、上図のように軽減されています。

訪問看護療養費と移送費

自宅で療養する者への訪問看護サービスである

■ 訪問看護療養費はどんな場合に支給されるのか

末期ガン患者などの在宅で継続して療養を受ける状態にある者に対して行う健康保険の給付が訪問看護療養費です。訪問看護療養費は、かかりつけの医師の指示に基づき、指定訪問看護事業者（訪問看護ステーションに従事する者）の看護師等による訪問看護サービスの提供を受けたときに支給されます。

指定訪問看護事業者とは、厚生労働大臣の定めた基準などに従い、訪問看護を受ける者の心身の状況などに応じて適切な訪問看護サービスを提供する者です。厚生労働大臣の指定を受けた事業者で、医療法人や社会福祉法人などが指定訪問者看護事業者としての指定を受けています。

訪問看護を利用する場合、医療保険と介護保険のどちらを利用するかという問題が生じます。原則として、要介護認定を受けている高齢者に対しては、介護保険を優先して利用することになります。

ただし、保険者が必要と認めた場合には、医療保険の訪問看護療養費を支給することもあります。たとえば、末期ガン、進行性筋ジストロフィー・パーキンソン病関連疾患、多発性硬化症、人工呼吸器を使用している場合などがあります。これら以外であっても、病状の急な悪化などで頻繁に訪問介護が必要になった場合においても医療保険から訪問看護療養費を支給します。

訪問看護サービスを受けた場合、被保険者は厚生労働大臣の定めた料金の100分の30の額を負担する他、訪問看護療養費に含まれないその他の利用料（営業日以外の日に訪問看護サービ

訪問看護

看護師などが患者の自宅を訪れて、療養上の世話や診療の補助をするもの。

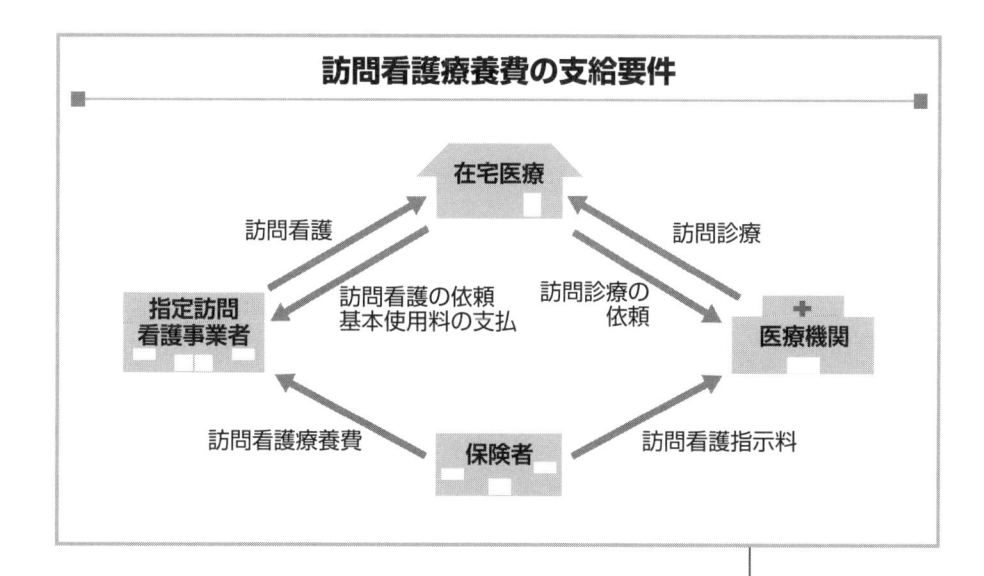

訪問看護療養費の支給要件

在宅医療

訪問看護 ← → 訪問診療

指定訪問看護事業者

訪問看護の依頼
基本使用料の支払

訪問診療の依頼

医療機関

訪問看護療養費 ← **保険者** → 訪問看護指示料

スを受けた場合の料金など）も負担します。

■ 転院時のタクシー代などが支給される

　現在かかっている医療機関の施設や設備では十分な診察や治療が受けられないようなケースにおいて、患者が自力で歩くことが困難なときは、タクシーなどを使って、移動する必要があります。医師の指示によって、緊急に転院した場合などのように、転院に伴って必要になるタクシー代などの移動費について、健康保険から給付を受けることができます。これを移送費といいます。移送費は現金給付です。

　いったんタクシー代などの移送費を自分で支払い、後で、移送費相当額の給付を受けることになります。移送費は原則として保険者（届出先は全国健康保険協会各都道府県支部または健康保険組合）による事前承認が必要になります。ただ、緊急を要するなどのやむを得ない事情がある場合は事後承認でもかまいません。

移送費の支給

移送費は、現金給付に該当する。

後期高齢者医療制度

75歳以上になると後期高齢者医療制度から給付を受ける

■ 75歳以上になると後期高齢者医療制度に加入する

　75歳以上になると、強制的に後期高齢者医療制度の被保険者となります。それまで加入していた健康保険や国民健康保険を喪失した上で、後期高齢者医療制度に加入します。加入は自動的に行われるため、手続きなどの必要はありません。

　また、後期高齢者医療制度では、都道府県ごとに設立された広域連合と市町村が共同して運営しています。広域連合が制度の運営を行い、市町村が窓口業務を行っています。

■ 後期高齢者医療の給付には何があるのか

　後期高齢者医療においても、給付の種類は大きく変わりません。

① 　法定必須給付（必ず行わなければならない給付）

　療養の給付、療養費、高額介護合算療養費、入院時食事療養費、訪問介護療養費、特別療養費、入院時生活療養費、移送費、保険外併用療養費、高額療養費

② 　法定任意給付（原則として行わなければならない給付）

　葬祭費、葬祭の給付

③ 　任意給付（任意に行うことができる給付）

　傷病手当金

　療養の給付の一部負担金は、原則1割です。ただし、市民税の課税所得が145万円以上の現役並み所得者については、3割を負担しなければなりません（次ページ図）。また、高額療養費の負担限度額は、75歳以上であっても、71ページの限度額と同じです。ただし、所得区分は療養の給付と同様です。

後期高齢者の医療費の自己負担割合

所得区分	所得要件	自己負担割合
現役並み所得者	市民税課税所得 690 万円以上	3 割
	市民税課税所得 380 万円以上 690 万円未満	
	市民税課税所得 145 万円以上 380 万円未満	
一般	どれにも該当しない	1 割
低所得者	同一世帯全員が市民税非課税	
	同一世帯全員が市民税非課税、かつ、所得がない	

※高額療養費と入院時生活療養費の限度額は上記の所得区分に応じて定められている。限度額は 71 ページと 77 ページの所得区分と同額となる。

入院時食事療養費に関しても77ページの負担額と同じです。ただし、後期高齢者医療制度の場合、同一世帯全員が市民税非課税、かつ、所得がない被保険者に関しては、食費が130円、居住費が370円となります。さらに、老齢福祉年金受給者は、食費が100円、居住費が０円になります。

■ 療養の給付などの負担割合

後期高齢者医療制度は、他の医療制度（国民健康保険、健康保険）に比べて、現役世代と高齢世代がともに支え合う制度設計になっています。そのため、費用の負担割合は、50％を公費、40％を国民健康保険や被用者保険からの支援金、10％を高齢者の保険料からまかなうことになっています。運営は都道府県単位の広域連合が行うため、原則、都道府県ごとに保険料が決定され、高齢者全員で公平に負担することが可能になっています。また、現役世代が支援金として金銭的に援助するため、より持続可能なしくみとなっています。

特別療養費
被保険者資格証明書の交付を受けた人が保険医療機関にかかり、医療費の全額を支払った場合に、申請に基づいて支払った額のうち自己負担額を除いた額を支給すること。

後期高齢者医療制度の成り立ち

　日本では世界に類をみないほど高齢化が進行しており、それに伴い入院の長期化、高い医療水準による平均寿命の延びなど医療費の増大リスクが問題となっています。また、仕事を定年するとほとんどの人は市町村が運営する国民健康保険に加入するのが一般的となっており、それらの医療費が市町村財政を圧迫しているという問題もあります。

　そのため、これまでの国民皆保険を維持するために、75歳以上の高齢者を広域の地域が運営する独立した後期高齢者医療制度に加入させ給付を行うことにしました。これが後期高齢者医療制度です。

　似たような制度として、前期高齢者医療制度があります。これは65歳から74歳までの前期高齢者について、国民健康保険・各被用者保険（協会けんぽ、健康保険組合など）の間で費用の負担の不均衡を前期高齢者の割合で調整する制度のことです。

　後期高齢者医療制度では、都道府県ごとにすべての市町村が加入する広域連合を設け、疾病、負傷、死亡に関して必要な給付を行います。前期高齢者医療制度、後期高齢者医療制度はともに、「高齢者の医療の確保に関する法律」に規定されています。

■ 後期高齢者医療制度 ………………………………………………

70歳　▼

75歳　▼

- 国民健康保険
- 健康保険（協会・組合）
- 共済組合

自己負担割合：原則2割
（一定の所得がある場合、
自己負担割合は3割）

- 後期高齢者医療制度

自己負担割合：原則1割
（一定の所得がある場合、
自己負担割合は3割）

PART 3

事業者が提供する
サービスの種類

居宅介護支援・介護予防支援

利用者と事業所間の連絡調整やケアプラン作成を行う

■ 居宅介護支援とは

居宅介護支援とは、介護サービスの適切な利用にあたって、心身の状況、本人が置かれている環境、利用者本人・家族の希望を考慮して、ケアプランを作成するサービスです。担当者会議の開催やケアプランのアセスメントなども行います（28ページ）。ケアネジャーは、公平中立の立場で利用者と介護サービス事業所との連絡調整を行います。ケアプラン実行後は、その実施状況をチェックするため利用者宅などを訪問します。

このサービスの担い手はケアマネジャーです。ケアマネ

■ 介護予防支援とは

介護予防支援とは、要支援者を対象に、利用者と介護サービス事業所間の連絡調整や介護予防ケアプラン作成を行うサービスです。居宅介護支援を要支援者向けにしたものというイメージですが、介護予防支援の場合は、おもにケアプランを作成するのは地域包括支援センターです。ただし、介護予防ケアプランの作成業務の一部が居宅介護支援事業所のケアマネジャーに委託されることもあります。

■ 利用者の自己負担はどうなるのか

ケアプラン作成を行う居宅介護支援事業所の報酬は、介護保険から全額支払われ、利用者の自己負担はありません。利用者負担を導入してしまうと、利用者の希望中心でサービスの利用が過剰になったり、逆にサービスの回数が必要な数に達してい

**居宅サービスを
利用する場合**

居宅サービスを利用する場合には、居宅介護支援が重要な役割を担っている。なぜなら、居宅サービスを利用したら、居宅サービスを利用する人は、ケアプランを作成するとともに、市町村に届け出なければならないためだ。ケアプランを作成しない場合には、介護サービス事業者は市町村から、サービス利用料金を直接支払ってもらう方式（代理受領）を利用することができず、事業者側にとってデメリットが大きいといえる。

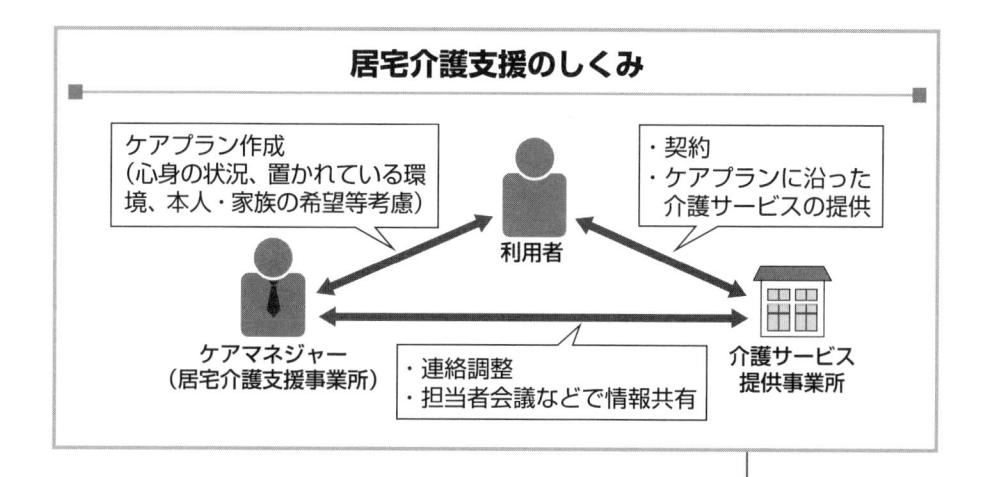

居宅介護支援のしくみ

ケアプラン作成
（心身の状況、置かれている環境、本人・家族の希望等考慮）

・契約
・ケアプランに沿った介護サービスの提供

利用者

ケアマネジャー
（居宅介護支援事業所）

・連絡調整
・担当者会議などで情報共有

介護サービス提供事業所

ないなど、適切な介護サービスの利用に支障をきたすためです。

■ 居宅サービス事業所との関係

居宅サービス事業所とは、要介護者に直接、介護サービスを提供する事業所のことです。訪問介護事業所や通所介護事業所がこれにあたります。

居宅介護支援事業所は、これらの居宅サービス事業を組み合わせ、要介護者の心身の状況に合わせたケアプランを作成することがおもな仕事になります。また、ケアプランに沿った介護支援が居宅サービス事業所において提供できているか、要介護者のニーズを満たしているのか、モニタリングという形で評価をする必要もあります。

これらのケアプランを中心にした支援の司令塔的な役割を担っているのが居宅介護支援事業所ということになります。居宅介護支援事業の機能強化を図るために、2021年4月からは、居宅介護支援事業所の管理者は主任ケアマネジャーの資格が必要になります。また、地域の実情に合わせたケアプラン作成を行えるように、居宅介護支援事業所の指定は、2018年4月からは市町村が行えるように権限の強化が行われています。

主任ケアマネジャー

主任介護支援専門員とも呼ばれる。①ケアマネジャー（介護支援専門員）として一定の従事期間（5年以上）があり、②所定の研修を修了した者がなれる。要件は都道府県によって若干異なる。

訪問介護・訪問入浴介護・居宅療養管理指導

利用者が自宅に住んでいながら利用できるサービス

■ 訪問介護とは

訪問介護は、訪問介護員（ヘルパー）が要介護者の自宅に出向いて、要介護者の入浴や排せつ、食事などの日常生活を送る際の手助けを行うサービスです。訪問介護の内容として挙げられるものに、入浴や排せつ、食事、衣服の着脱の介護、清拭、洗髪、通院の介助などの身体介護があります。

また、掃除、調理、洗濯、買物などの日常生活に必要な援助を行う生活援助や、要介護者の身上相談、生活や介護についての相談を受けたり助言を行うことも含まれます。

■ 訪問入浴介護はどんなサービスなのか

入浴は身体を清潔に保つ他、心身のリラックス効果なども期待できますが、在宅で介護度の重い人の介護を行う家族にとっては負担の大きい作業になります。このような場合に利用されるのが、数人の介護者、看護師などが、浴槽を持ち込んで入浴サービスを提供する訪問入浴介護です。

訪問入浴介護の目的として、利用者の身体を清潔に保つとともに、心身の機能の維持を図ることが挙げられます。また、入浴面での援助を行うことで、要介護状態にある利用者が、可能な限り自宅で生活を続け、自己の能力を活かして自律した生活を送ることを支援する一環にもなっています。

■ 介護予防訪問入浴介護とは

要支援者を対象とした訪問入浴介護です。訪問入浴介護は、

清拭（せいしき）
身体の一部や全身をタオルなどで拭くこと。お風呂に入れない場合など清潔を保持するために行う。

介護予防訪問介護
かつての介護予防訪問介護については、2015年度から地域支援事業に移行しているので注意が必要。

訪問介護

【要介護者宅】

要介護者

要介護者の自宅でサービスを提供する →

訪問介護員

身体介護：入浴や排泄、食事、衣服の着脱の介護、清拭、洗髪、
　　　　　通院の介助など
生活援助：掃除、調理、洗濯、買物などの日常生活に必要な援助
相　　談：要介護者の身上相談、生活や介護についての相談・助言

寝たきりなどの理由で、一般家庭の浴槽では入浴が困難な人を想定したサービスです。そのため、要介護度4、5の人がサービス利用者の大半を占めており、要支援者が訪問入浴介護を利用するケースはそれほど多くはないようです。要支援者が訪問入浴を利用する理由の多くは、自宅に浴槽がないこと、家族や訪問介護での介助が困難、感染症のおそれがあって通所介護の浴槽が使えない、などです。

■ 居宅療養管理指導とは

在宅で生活している要介護者の中には、本来通院して療養すべきところ、さまざまな事情で思うように通院できないという状況にある人もいます。このような状態の人に、医師や歯科医師の指示を受けた薬剤師や管理栄養士、歯科衛生士などの専門職が療養に関する管理、指導などを行うことができるようになっています。居宅療養管理指導が認められる利用者としては、在宅療養中で要介護度1〜5の人です。

要支援者を対象とした居宅療養管理指導のことを介護予防居宅療養管理指導といいます。

改正と居宅療養管理指導

2018年度の介護保険制度改正に伴い、看護職員が行う居宅療養管理指導は廃止された。それに合わせて、訪問介護ステーションでの居宅療養管理指導も終了した。

訪問看護

医療を必要とする人が在宅で介護を受けるために欠か
せない

■ どんなサービスなのか

心身に病気やケガを持つ人の場合、訪問介護員のサービスだ
けで在宅生活を維持するのが難しいことがあります。

そこで、重要になってくるのが訪問看護サービスの存在です。
訪問看護は、医師の指示を受けた看護師が行うサービスで、業
務内容としては血圧測定や体温測定などによる状態観察、食事、
排せつ、入浴などの日常生活のケア、服薬管理、褥瘡処置など
の医療処置といったことが挙げられます。要支援者を対象とし
た訪問看護のことを介護予防訪問看護といいます。要支援者の
自宅に看護師などが出向き、療養上の世話を行うなど診療を補
助するサービスです。サービス内容は、訪問看護と同じです。

訪問看護を行うのは、病院・診療所、あるいは、訪問看護ス
テーションです。また、訪問看護の利用者は、年齢や症状に
よっては、医療保険と介護保険の両方の適用対象になる場合が
あります。この場合、要介護者が以下の疾病などにかかってい
る場合には、医療保険が優先的に適用されます。

・末期ガン（悪性腫瘍）

・多発性硬化症

・重症筋無力症

・スモン

・筋萎縮性側索硬化症

・脊髄小脳変性症

・進行性筋ジストロフィー

・パーキンソン病関連疾患

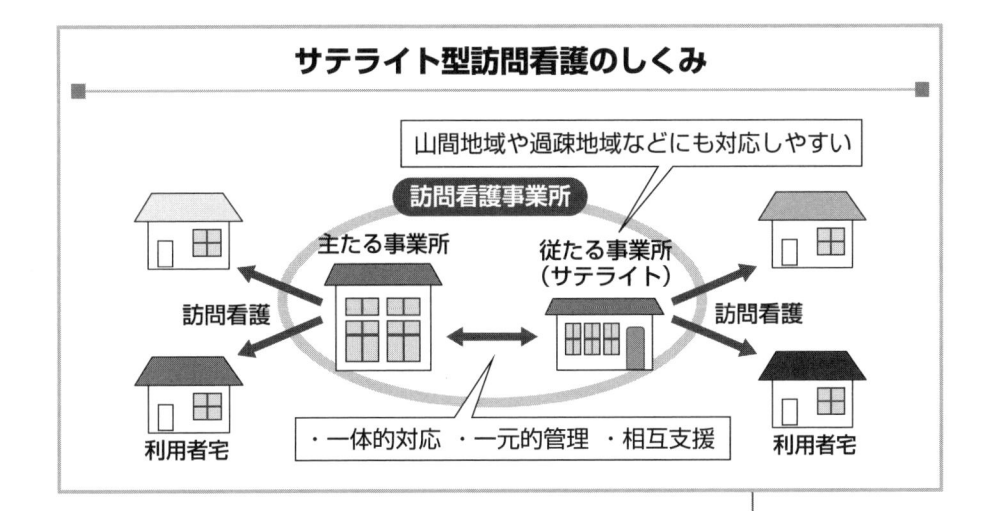

サテライト型訪問看護のしくみ

山間地域や過疎地域などにも対応しやすい

訪問看護事業所

主たる事業所　　　従たる事業所（サテライト）

訪問看護　　　　　　　　　　　　訪問看護

利用者宅　　・一体的対応　・一元的管理　・相互支援　　利用者宅

・脊髄性筋萎縮症

・後天性免疫不全症候群

■ サテライト型訪問看護とは

　訪問看護は、医療ニーズのある中重度の要介護者にとって必要性の高いサービスとなっています。しかし、山間地域や過疎地域においては必要十分な事業所がないのが現状です。

　そこで、サテライト型の訪問看護事業所（訪問看護ステーション）の設置を認めています。サテライト型とは、出張所のようなイメージで、主たる訪問看護事業所と利用申し込みや苦情処理などが一体的に運営されており、看護師などの代替要員を派遣できるような相互支援体制が構築されている場合に認められます。サテライト型のメリットとしては、これまで山間地域や過疎地域など設置することが難しい地域において、人員基準や設備基準などを主たる事業所と一体的に申請することで設置が容易になるということが挙げられます。これにより、要介護者にとっては住み慣れた地域で在宅での療養生活の継続が可能になります。

訪問看護

終末期を在宅で過ごしたい利用者の要望や、施設に入れない利用者が在宅で亡くなるケースが多い。それら利用者にターミナルケアを行う訪問看護の需要はますます増えている。

訪問ハビリテーション

専門の理学療法士や作業療法士がサービスを提供する

■ 訪問リハビリテーションはどんなサービスなのか

骨折や脳血管性疾患などにより身体機能が低下した場合に、その機能の維持・回復をはかるためにはリハビリテーションが有効です。しかし、リハビリのためにたびたび通院・通所することができず、自宅で家族などがリハビリをするのも難しいという場合もあります。このような場合には、医師の指示の下、専門の理学療法士や作業療法士などが訪問してサービスを提供する訪問リハビリテーションを利用することができます。

具体的な、サービス内容は、身体機能、日常生活、家族支援に分けられます。身体機能は、間接拘縮の予防、筋力・体力の維持があります。日常生活は、歩行訓練、寝返りや起き上がりなどの基本動作訓練、食事や更衣、入浴などの日常生活動作訓練があります。家族支援は、歩行練習の介助方法の指導、福祉用具の提案があります。

介護予防訪問リハビリテーションは、要支援者の自宅に作業療法士や理学療法士などの専門家が訪れて、作業療法や理学療法を行うサービスです。サービス内容や介護報酬は訪問リハビリテーションと同じです。ただし、介護予防の場合は、要介護状態になることをできる限り防ぐ、現在の状態がそれ以上悪化しないようにすることを目的にしています。

■ 訪問リハビリテーションの利用にはいくつかの要件がある

訪問リハビリテーションは、通所や通院が困難な場合に利用することができます。つまり、通所リハビリテーションが利用

訪問リハビリテーションの対象者

訪問リハビリテーションの対象者は、「通院が困難な利用者」である。そのため、通所可能で、通所により同様のサービスを受けられる者については、対象に含まれない。

介護予防訪問リハビリテーション

要支援者を対象とした訪問リハビリテーションのこと。

訪問リハビリテーションとは

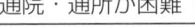
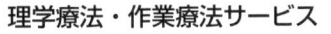

通院・通所が困難

理学療法・作業療法サービス

理学療法士・作業療法士 など

身体機能が低下した人

〈対象〉
- 要介護者：訪問リハビリテーション
- 要支援者：介護予防訪問リハビリテーション

身体機能 間接拘縮の予防、筋力・体力の維持

日常生活 基本動作訓練、日常生活動作訓練

家族支援 歩行練習の介助方法の指導、福祉用具の提案

できる場合においては、そちらを優先的に利用するということです。一般的には、退院後の一定期間、訪問リハビリテーションを受け、その間に、通所リハビリテーションへ移行することを目的に利用されます。

そのため、訪問リハビリテーションを利用するためには次のような要件を満たす必要があります。

① 訪問リハビリテーション事業所の医師の指示の下で実施するものであること（例外的に別の医療機関の主治医の指示の下でも可）

② その医師の診療の日から3月以内に実施されたものであること

③ 訪問リハビリテーション計画を作成していること

④ 利用者やその家族などに対して1回あたり20分以上（1週に6回を限度）指導を行うこと

つまり、訪問リハビリテーションは、通院が困難な者が、計画的な医学管理を行っている医師の指示に基づいて、理学療法士などがリハビリテーションを行う場合に利用できるということです。

通所介護と通所リハビリテーション

要介護者が通所介護事業所に出向いて受けるサービス

■ 通所介護とは

通所介護（デイサービス）とは、利用者が施設において、日常生活に必要な世話を受けたり、機能訓練を受けるサービスです。具体的なサービス内容としては、食事・入浴の提供や介護、生活上の相談やアドバイス、健康状態の確認や日常生活に必要な機能訓練などが挙げられます。利用者を自宅で介護する家族の心身の負担を軽減する狙いもあります。通所介護の施設については、規模に応じて大規模型（前年度の1か月あたりの平均利用者数が750人超）と、通常規模型（前年度の1か月あたりの平均利用者数が300人超）とに分類されます。

■ 通所リハビリテーションとはどんなサービスなのか

通所リハビリテーション（デイケア）は、病気やケガなどにより身体機能が低下した高齢者に、リハビリテーションを施し、機能回復あるいは維持を図ることを目的とした施設です。理学療法士や作業療法士といった専門家が配置され、医師の指示のもとで個々の利用者に合ったリハビリメニューが組まれます。

通所介護と同様、送迎から食事、入浴、排せつ介助といったサービスを提供している事業所の他、短時間でリハビリテーションの施術のみを行う事業所もあります。

■ 介護予防通所リハビリテーションとは

介護予防通所介護と似たサービスとして、介護予防通所リハビリテーションがあります。介護予防通所リハビリテーション

通所介護と通所リハビリテーション

通所介護（デイサービス）

利用者が施設で日常生活の世話や機能訓練を受けるサービス

【サービス内容】

食事・入浴の提供、介護、生活上の相談やアドバイス、健康状態の確認、日常生活に必要な機能訓練など

通所リハビリテーション（デイケア）

病気やケガなどにより身体機能が低下した高齢者に、リハビリテーションを施し、機能回復・維持を図ることを目的とした施設

【サービス内容】

・送迎から食事、入浴、排せつ介助などのサービス
・短時間でリハビリテーションの施術のみを行う事業所もある

とは、要支援者を対象とした通所リハビリテーションのことです。すべての人に共通するリハビリテーション（身体機能向上や日常生活の動作に必要な訓練）に加えて、それぞれの希望や状態に合わせた選択的サービスを提供します。選択的サービスには、運動器機能向上、栄養改善、口腔機能改善があります。予防通所介護を幼稚だと敬遠する男性でも利用しやすいようです。介護報酬は、月単位の月額制です。選択的サービスを提供する場合には、別途、介護報酬（月単位の定額制）が加算されます。

■ 通所介護事業者としての指定を受けるには

要介護者の通所介護は、定員により19名以上は都道府県へ、19名未満は地域密着型として市町村へ、要支援者の通所介護は、総合事業として市町村へそれぞれ申請を行います。それそれで指定基準が少し異なるため注意が必要です。

また、通所介護事業所として省令で定められた人員基準・設置基準・運営基準を満たす必要があります。

短期入所生活介護と短期入所療養介護

介護者のリフレッシュのための利用も可能

■ どんなサービスなのか

　短期入所生活介護、短期入所療養介護は、ショートステイと呼ばれるサービスです。介護が必要な高齢者を一時的に施設に受け入れ、前者の場合は食事や入浴、排せつ、就寝といった日常生活の支援や機能訓練を、後者の場合は医師や看護師による医療、理学療法士による機能訓練を含めた日常生活の支援を行います。家族などの介護者の入院や出張、冠婚葬祭などの他、単に「疲れたので一時的に介護から離れてリフレッシュしたい」「旅行に行きたい」といった内容でも、施設に不都合がなければ利用者を受け入れることができます。要支援者を対象とした短期入所生活介護を介護予防短期入所生活介護といいます。

　また、要支援者を対象とした短期入所療養介護を介護予防短期入所療養介護といいます。サービス内容は、要介護者を対象とした短期入所生活介護、短期入所療養介護と同様です。

■ ショートステイはどこでサービスを提供するのか

　短期入所生活介護は、特別養護老人ホームに併設されているのが一般的です。同様に、短期入所療養介護は、介護老人保健施設に併設されているのが一般的です。このような形態は「併設型」と呼ばれています。一方で、介護保険施設に併設せず、単独で設置されているショートステイは「単独型」と呼ばれます。

　また、ショートステイの部屋の形状によっても「ユニット型」と「従来型」に分けることができます。ユニット型は、全部屋個室で、共有スペースのある入居者10名前後のユニットを

短期入所生活介護と短期入所療養介護のしくみ

目的：介護者のリフレッシュを行う（レスパイトケア）

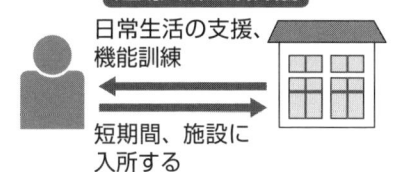

短期入所生活介護

日常生活の支援、機能訓練

短期間、施設に入所する

施設種類：
介護老人福祉施設併設型、空床型、単独型

部屋種類：
従来型個室、多床室、ユニット型個室、ユニット型準個室

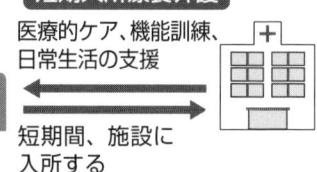

短期入所療養介護

医療的ケア、機能訓練、日常生活の支援

短期間、施設に入所する

施設種類：
介護老人保健施設、病院・診療所、介護医療院

部屋種類：
従来型個室、多床室、ユニット型個室、ユニット型個室的多床室

単位とした配置の施設で、家庭的な雰囲気の中で生活を行います。従来型は、4人部屋や2人部屋のような多床室などがある施設のことで、病院のようなイメージを持つ人もいます。

■ ショートステイが制限される場合もある

ショートステイが利用される理由として、介護者のリフレッシュという目的があります。しかし、特別養護老人ホーム（特養）の人気が高く、なかなか入所できないため、併設型のショートステイで、長い間、本体特養の空きを待つ、「待機待ち」をしている要介護者も見られます。また、在宅に戻っても要介護者の介護をすることができないなど、やむを得ない理由でショートステイを長い間利用するようなケースもあります。このように長い間ショートステイを利用することを「ロングショート」と呼ぶこともあります。ロングショートの利用は、本来のショートステイの目的と反するため、月の半分以上のショートステイは認めないなど制限を設けている市町村もあります。

ユニット型と従来型

現在はユニット型の設置が主流となっている。ただし、従来型の多床室や個室は居住費が安いため、従来型を利用したい要介護者も多い。

特定施設入居者生活介護

有料老人ホームなどで受けるサービスのこと

■ 特定施設入居者生活介護とは

　介護保険では、原則として施設に入所する場合には施設サービスとなります。ただ、一定の場合には施設に入所していても在宅サービスとして介護保険の適用を受けることができます。

　施設でサービスを受けながら在宅サービスとしての保険の適用を受けることができるのは、次のような場合です。

① 　特別養護老人ホームや介護老人保健施設でショートステイという形式でサービスの提供を受ける場合（94ページ）

② 　地域密着型サービスのうち、施設でサービスを受けられる場合（104ページ）

③ 　有料老人ホームなどのケアつきの住宅のうち、特定施設として認められている施設に入居していてサービスの提供を受ける場合（特定施設入居者生活介護）

　③の特定施設には、有料老人ホームの他に、ケアハウスや軽費老人ホーム（A型・B型）などが認められています。軽費老人ホームは、自宅で生活することが難しい高齢者で身の回りのことは自分でできる人が低額で入居できる施設です。

　有料老人ホームやケアハウス、サービス付き高齢者向け住宅は在宅扱いとなるため、外部の通所介護事業所や訪問介護事業所を利用することが一般的です。しかし、特定施設入居者生活介護の指定を受けた有料老人ホームなどに入居した場合は、入浴・排せつ・食事などの介護、日常生活上の支援を包括的に受けることができます。

　特定施設入居者生活介護では、1日単位の介護サービス費を

特定施設入居者生活介護

	施設でサービスを受けながら在宅サービスとしての保険の適用を受けることができる場合		
①	特別養護老人ホームや介護老人保健施設でショートステイという形式でサービスの提供を受ける場合		
②	地域密着型サービスのうち、施設でサービスを受けられる場合		
③	特定施設として認められている施設に入居していてサービスの提供を受ける場合（特定施設入居者生活介護）		
	特定施設	有料老人ホーム	
		ケアハウス	
		軽費老人ホームA型	炊事についてはサービスの提供を受ける程度の健康状態にある人が対象
		軽費老人ホームB型	自炊できる程度の健康状態にある人が対象

支払うため、常時介護を要する場合には包括的に介護サービスが提供されメリットが大きいといえます。一方、常時介護が必要ない場合は、外部の訪問介護などを必要な時に必要な分だけ利用したほうが割安になる可能性があります。

■ 特定施設入居者生活介護のおもな利用者

特定施設入居者生活介護を利用できる人は、有料老人ホーム、軽費老人ホーム、サービス付き高齢者向け住宅などの施設に入居している要介護1以上を受けた者です。ただし、入居している施設が、「特定施設入居者生活介護」の指定を受けていることが保険適用の条件になっています。

■ 特定施設入居者生活介護事業者になるための基準と手続き

有料老人ホームで介護サービスを提供する介護付有料老人ホームとして運営したい場合、介護保険法の特定施設入居者生活介護の指定を受けることが必要です。

軽費老人ホーム B型

自炊できる程度の健康状態にある人が対象となる。

特定施設入居者生活介護事業者になるための基準と手続き

特に、有料老人ホームは必ずしも介護が必要な人だけが入る施設とは限らないが、「介護付」の形態で運営したい場合には、老人福祉法に基づく届出と介護保険法に基づく申請がともに必要になることに注意が必要。

福祉用具

福祉用具のレンタルや購入について介護保険が利用できる

■ 福祉用具レンタル

要介護の人は、日常生活をしやすくしたり、機能訓練を行って日常生活の自立をめざす上での補助として、福祉用具を借りることができます。このサービスを福祉用具貸与といいます。借りることのできる福祉用具は、車椅子、車椅子付属品、特殊寝台、特殊寝台付属品、床ずれ防止用具、体位変換器、手すり、スロープ、歩行器、歩行補助つえ、徘徊感知器、移動用リフトなどです。

要支援者を対象とした福祉用具のレンタルのことを介護予防福祉用具貸与といいます。レンタルの対象は基本的には、要介護者の場合と同様ですが、要支援者については、一部の福祉用具のレンタルが制限されています。現実問題として、要介護度の低い要支援の人が、介護ベッドや車椅子、徘徊感知器、移動用リフトなどをレンタルする必要がある場合はほとんどないからです。ただし、特別の事情がある場合には、それらの福祉用具についてもレンタル可能です。

福祉用具の貸し出しには、要介護・要支援者を手助けする人の負担を軽くする狙いもあります。

福祉用具貸与事業を行うためには、利用者の心身の状態や生活環境に応じた福祉用具の選択、使い方、アフターフォローが必要となります。介護技術以外にも、福祉用具の知識を持った専門職を配置しなければなりません。そのため、福祉用具専門相談員という資格があります。この資格は、福祉用具専門相談員指定講習を修了することで取得することができます。

福祉用具と特定福祉用具

福祉用具

①車椅子
自走用標準型車椅子・普通型電動車椅子・介助用標準型車椅子など

②車椅子付属品
クッション・電動補助装置など

③特殊寝台
介護用のベッドのことで、サイドレールが取りつけられているか取りつけ可能なもの

④特殊寝台付属品
手すり・テーブル・スライディングボード・スライディングマットなど

⑤床ずれ防止用具
送風装置・空気圧調整装置を備えた空気マットなど

⑥体位変換器
空気パッドなどを体の下に差し入れて体位変換をしやすくできる機能を持っているもの。体位を保持する目的しかないものは不可

⑦手すり
工事をせずに取りつけられるもの

⑧スロープ
段差解消目的のもので工事をせずに取りつけられるもの

⑨歩行器
二輪・三輪・四輪→体の前と左右を囲む取っ手などがついているもの。
四脚 → 腕で持ち続けて移動できるもの

⑩歩行補助杖
松葉杖・カナディアンクラッチ・ロフストランドクラッチ・多点杖など

⑪徘徊感知器
認知症用の徘徊センサーなどのことで、認知症の人が屋外に出ようとした時などに家族などに知らせる機器

⑫移動用リフト
段差解消器・風呂用のリフトなどのことで、つり具の部分は含まない。つり具は特定福祉用具となる

⑬自動排泄処理装置
排便などを自動的に吸収し、排便などの経路となる部分を分割することができるもの(交換可能部品を除く)

特定福祉用具

■ 腰掛便座
和式便器→上に置いて腰掛式にできるもの
洋式便器→上に置いて高さを調節するもの
便座から立ち上がるときに補助できる機能を持つもので電動式・スプリング式のもの
便座やバケツなど、移動できる便器など

■ 自動排泄処理装置の交換可能部分
排便などの経路となるもので簡単に交換できるもの

■ 入浴補助用具
シャワー椅子・入浴用の椅子・浴槽用の手すり・浴槽内で使う椅子・浴槽の縁にかけて使う入浴台・浴室内のスノコ・浴槽内のスノコなど

■ 簡易浴槽
取水や排水のための工事を必要としない簡易的な浴槽のことで、空気式や折りたたみ式など、簡単に移動できるもの

■ 移動用リフトのつり具の部分
風呂用のリフトのつり具も含まれる・移動用リフト自体は福祉用具として貸与の対象となる

■ 福祉用具の購入補助

　用具の性質上、貸与するより購入したほうがよいものもあります。トイレ、入浴用具など、誰かの使用後に別の誰かが使用するのは難しいような用具や、たとえば体格の差などの個人差によって、万人が使うことができないような用具です。対象となる福祉用具は、①腰掛け便座、②自動排せつ処理装置の交換可能部品、③入浴補助用具、④簡易浴槽、⑤移動リフトの吊り具の部分の5種類です。これらの福祉用具を特定福祉用具といいます。特定福祉用具販売の利用者の負担額は、購入金額の1割、2割または3割です。そして、特定福祉用具の購入については、要介護者が先に福祉用具を自分で購入し、後からその金額を支給する方法を原則としています。これは、購入時に利用者が全額支払い、保険申請すると9割、8割または7割が利用者に返金されるしくみです。

　特定福祉用具の購入費の支給上限は、年間10万円までです。要支援者を対象とした福祉用具の販売のことを特定介護予防福祉用具販売といいます。対象となる福祉用具、購入の上限額、購入額が後ほど償還されるしくみは、福祉用具販売と同じです。

■ 福祉用具貸与価格には上限額が設定されている

　福祉用具の貸与（レンタル）や購入は、他の介護サービスと違い全国一律の価格の設定はありません。これは、市場の価格競争を通じて適切な価格となることを想定していたからです。しかし、介護保険財政のひっ迫や事業所の利益確保など価格が不当なケースも見られました。そこで、2018年10月からは、福祉用具貸与価格の上限額が設定されることになりました。

　この上限額を超えて福祉用具貸与を行った場合は、福祉用具貸与費を請求できません。上限額は、福祉用具の商品ごとに算出し、金額は全国平均貸与価格にその福祉用具のすべての貸与価格のバラつきを加味することで算出されます。この上限額は、

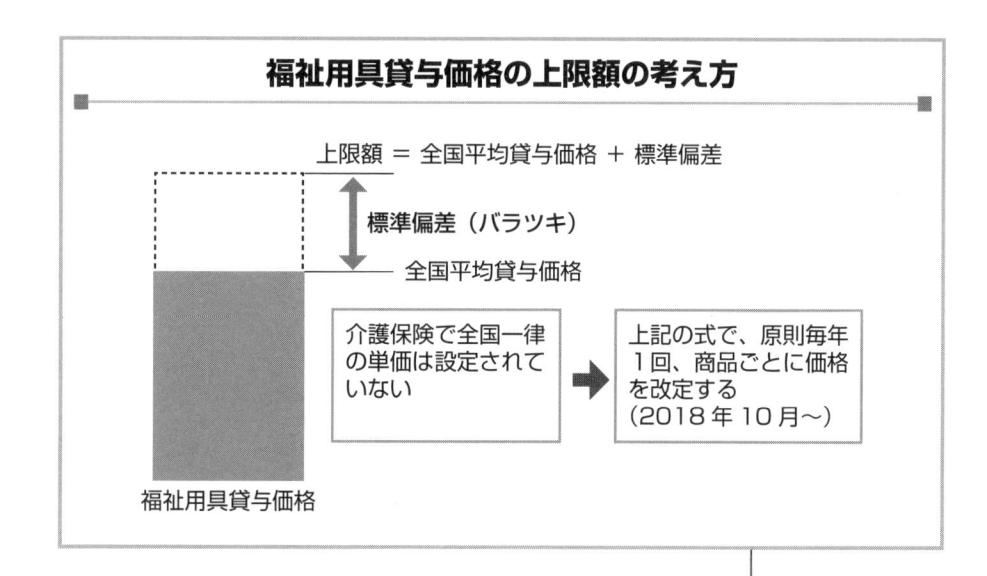

福祉用具貸与価格の上限額の考え方

上限額 ＝ 全国平均貸与価格 ＋ 標準偏差

標準偏差（バラツキ）

全国平均貸与価格

介護保険で全国一律の単価は設定されていない　➡　上記の式で、原則毎年1回、商品ごとに価格を改定する（2018年10月〜）

福祉用具貸与価格

おおむね1年に1回の頻度で見直しが行われます。

　また、貸与しようとする福祉用具の特長や貸与価格だけでなく、全国平均貸与価格を利用者へ説明したり、機能や価格帯の異なる複数の商品を利用者に提示することも義務付けられました。さらに、福祉用具サービス計画書をケアマネジャーへ交付するなど透明性が求められるようになってきました。

■ 福祉用具貸与事業者としての指定を受けるにあたって

　福祉用具貸与事業者となるためには、前述の福祉用具専門相談員を配置する必要があります。この相談員が本人の心身機能や家族の思いなどを整理し、必要な福祉用具の手配、使用方法の説明、そしてモニタリングまでを行います。

　貸与された福祉用具を回収した場合は、福祉用具の種類や材質に合わせて、適切な消毒効果を持つ消毒設備機材で消毒をする必要があります。また、それらの福祉用具を清潔な状態に保ち、消毒・補修済みの用具とそうでないものを区別できる倉庫などに保管しておく必要があります。

福祉用具専門相談員

人員基準においては、介護福祉士、技士装具士、保健師、看護師、准看護師、理学療法士、作業療法士、社会福祉士、福祉用具専門相談員指定講習修了者の資格を有する者がなれる。

住宅改修

∙∙

住宅改修については20万円を上限として介護保険が
適用される

■ 住宅改修をどのような場合に利用するのか

　家の中の段差などを改修するために行われるサービスが住宅
改修です。家の中の段差でつまずいた結果生じるケガや、夜間
にトイレに行くルートにある小さな段差の問題の解消を目的と
したサービスです。具体的な改修例として、お風呂などに手す
りを取りつける工事や、段差を解消する工事があります。

　介護保険の改修実績のある業者が選ばれることが多いようで
す。介護保険の住宅改修では、高齢者の病状等に合わせたきめ
細やかな工事が必要だからです。たとえば、手すり１つでも、
高齢者の状態に合わせて、高さ、長さ、角度を細かく調整する
などの細やかな配慮が必要です。地域によっては、業者が市町
村から費用を受け取るのに登録が必要な場合があります。

■ 介護保険の対象になるのは20万円

　住宅改修については、介護保険の給付の対象となる上限金額
は20万円とされています。そのうち利用者が負担する金額は、
利用者の所得などに応じて１割～３割です。償還払い方式を採
用しているため、いったん全額を支払っておいて、市町村へ申
請することで７割～９割の補助を受けることができます。住宅
改修の支給を受ける回数は、原則１回となっています。

■ 住宅改修を行う場合の手続き

　住宅改修は、以下の流れに従って利用者が工務店などの事業
者と契約して行います。なお、住宅改修については、指定事業

上限金額

転居して住所が変わる
場合、再度20万円ま
での工事について介護
保険の利用が可能であ
る。また、要介護度が
３段階以上重くなった
場合にも再度20万円
まで利用ができる。

住宅改修の手続きの流れとケアマネジャーのかかわり

ケアマネジャーが利用者から住宅改修についての相談を受ける → ケアマネジャー・利用者・施工業者で工事内容について打ち合わせをする → ケアマネジャーが、住宅改修が必要な理由書を作成する → 申請する市町村に書類を提出する（ケアマネジャーによる代行申請も可） → 市町村の審査と結果の通知 → 住宅改修工事の着工・完成 → 市町村への住宅改修費用の請求

とされていないため、事業者になるために都道府県や市町村の指定（118ページ）を受ける必要はありません。

① **介護支援専門員（ケアマネジャー）に相談する**

地域包括支援センターや普段利用している居宅介護支援事業所などで住宅改修についての相談をします。

② **市町村に対し、改修前の申請を行う**

申請書の他、住宅改修が必要な理由を記載した理由書や工事費の見積書などを提出します。

③ **改修工事の実施**

④ **正式な支給申請**

工事終了後に領収書や工事の完成後の状態を確認できる写真などの資料を提出します。

⑤ **市町村による確認・住宅改修費の支給**

②の書類と④の書類を確認し、必要と認められた工事に関して改修費が支給されます。

住宅改修に関する手続きが法定化された理由

手すりを設置したり、段差をスロープに変えるといった住宅改修は、利用者が工務店などの事業者と契約して行う。以前は工事後に保険給付の申請をしていたが、「介護保険が適用されるからと業者に言われるまま工事をしたが、実際には保険対象外の工事が多く含まれていて高額の自己負担が生じた」などのトラブルが発生したため、現在は上図のような流れで住宅改修を行うよう法制度が改正されている。

地域密着型サービス

その地域（市町村）に住む高齢者が利用できる

■ 地域密着型サービスについて

　地域密着型サービスは、元々その地域（市町村）に住む要介護者に向けて提供されます。認知症や一人暮らしの高齢者が住み慣れた土地で生活を続けることができるように、さまざまなサービスを身近な市町村が主体となって提供するものです。

　サービスは、①小規模多機能型居宅介護、②夜間対応型訪問介護、③地域密着型介護老人福祉施設入所者生活介護、④地域密着型特定施設入居者生活介護、⑤地域密着型通所介護、⑥認知症対応型共同生活介護（グループホーム）、⑦認知症対応型通所介護、⑧定期巡回・随時対応型訪問介護看護、⑨看護小規模多機能型居宅介護の９つに分かれています。特に、夜間対応型訪問介護や定期巡回・随時対応型訪問介護などは、サービスの安定的提供が可能な経営的基盤を持った事業者でなければ、事業運営を継続していくことは困難です。そのため、サービスを提供する事業者の数は十分とはいえません。

■ 地域密着型サービスには運営推進会議を設置する

　夜間対応型訪問介護を除く地域密着型サービスの事業所は、運営推進会議を開催する必要があります。地域密着型サービスは、居宅サービスや施設サービスに比べ、より地域に開かれたサービスである必要があります。そのため、事業運営の透明性、サービスの質の確保、利用者の「抱え込み」の防止、地域との連携の確保の達成をめざすために運営推進会議を開催することが義務付けられています。

運営推進会議

運営推進会議の構成員は、国の基準で、利用者、利用者の家族、地域住民の代表者、市町村の職員または地域包括支援センターの職員、地域密着型サービスについて知識や経験がある者、などとされている。

地域密着型サービスの種類と特徴

要支援者も受けることができるサービス

小規模多機能型居宅介護

■対象者
要支援者・要介護者

■特徴
24時間提供
さまざまな形態でサービスを提供
・通いが中心
・自宅への訪問・施設への宿泊も可能

■サービス内容
入浴や排泄、食事などの介護
日常生活上の支援
機能訓練を行う

認知症対応型共同生活介護

■対象者
認知症の人（要支援2以上）

■特徴
家庭的なケアを提供する住宅つきのサービス
小規模な住宅で運営されている

■サービス内容
入浴・排泄・食事の介護
日常生活上の支援

認知症対応型通所介護

■対象者
認知症の人

■特徴
認知症の人専用
日帰りでデイサービスセンターなどの施設でサービスを提供する

■サービス内容
入浴・排泄・食事の介護
日常生活上の支援

要介護者だけが受けられるサービス

夜間対応型訪問介護

■対象者
その市町村に住む要介護者

■特徴
夜間に定期的に要介護者宅を訪れる巡回サービスを提供する
要介護者の呼び出しに応じたヘルパーが随時要介護者宅に訪れてサービスを提供する

■サービス内容
入浴・排泄・食事の介護
日常生活上の支援

地域密着型介護老人福祉施設入所者生活介護

■対象者
定員29名以下の特別養護老人ホームに入所する要介護者

■特徴
施設に入所して365日24時間安心して日常生活上の介護を受けることが可能

■サービス内容
入浴・排泄・食事の介護
日常生活上の支援
機能訓練
健康管理
療養上の世話

地域密着型特定施設入居者生活介護

■対象者
定員29名以下の特定施設に入居している要介護者

■特徴
定員29名以下の小規模な施設で市町村の指定を受けた特定施設がサービスを行う（特定施設の指定を受けられる施設）
①有料老人ホーム
②ケアハウス
③養護老人ホーム
④サービス付き高齢者向け住宅

■サービス内容
入浴・排泄・食事の介護
日常生活上の支援
機能訓練

定期巡回・随時対応型訪問介護看護

■対象者
その市町村に住む要介護者

■特徴
訪問介護と訪問看護を密接に連携させながら、24時間体制で短時間の定期巡回型訪問と随時の対応を一体的に行うサービス

■サービス内容
入浴・排泄・食事の介護
療養上の世話

看護小規模多機能型居宅介護

■対象者
その市町村に住む要介護者

■特徴
小規模多機能型居宅介護と訪問看護を組み合わせたサービス

■サービス内容
入浴や排泄、食事などの介護
日常生活上の支援
医療的なケア

地域密着型通所介護

■対象者
その市町村に住む要介護者

■特徴
定員18名以下のデイサービスセンターなどの施設でサービスを提供する

■サービス内容
入浴・排泄・食事の介護
日常生活上の世話
機能訓練

■ 小規模多機能型居宅介護とは

　自宅で生活している要介護者を対象に、デイサービス、訪問介護、ショートステイ（短期間宿泊）といったサービスを一体的に提供するのが小規模多機能型居宅介護です。利用者のニーズに対応して、通いのデイサービスに、訪問介護や短期宿泊を組み合わせている点が、このサービスの特徴です。利用定員は、事業所あたり29人以下の登録制です。1日に利用できる定員は、通所の場合、登録定員25人以下で最大15人、登録定員26人以上で最大18人、宿泊で最大9人です。

■ 夜間対応型訪問介護とは

　自宅で生活している要介護者を対象に、夜間の巡回訪問サービスや随時訪問サービスを提供するのが、夜間対応型訪問介護です。夜間を対象として、次の2つのサービスを提供します。

・オムツの交換、体位変換を定期的に巡回して行う。

・オペレーションセンターが要介護者からの連絡を受けた際に、適切な処置及びサービス提供を行う。

　利用料については、月額の基本料と、提供されたサービスに応じた金額を支払う必要があります。高齢化がさらに進めば、独居、高齢者夫婦世帯が大幅に増加し、夜間サービスの重要性が高まると予想されます。夜間対応型訪問介護は、在宅でのサービスを希望する利用者を、24時間体制でケアするしくみであることに特徴があります。

■ 地域密着型介護老人福祉施設入所者生活介護

　定員が29人以下の小規模な特別養護老人ホームです。既存の特別養護老人ホームの近くに作られ、セットで運営されているケースもあります。医療行為は行われず、日常生活の世話を中心としたさまざまなサービスが提供されます。特徴は、少人数制であるため、家庭的な雰囲気があり、地域や家庭とのつなが

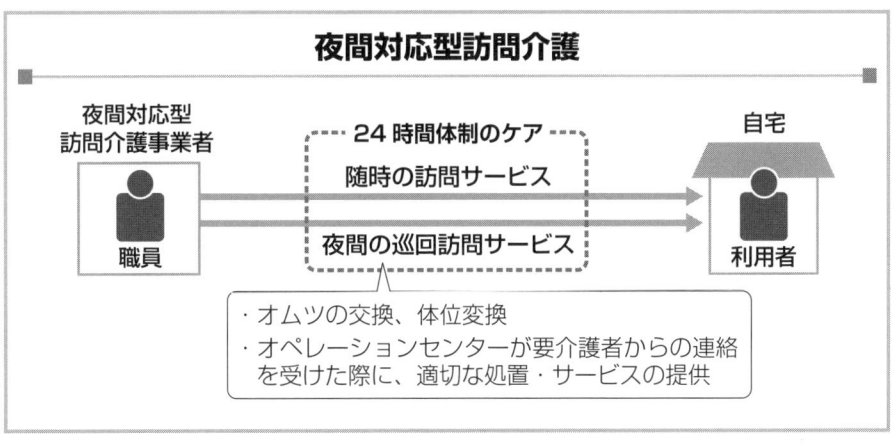

夜間対応型訪問介護

夜間対応型
訪問介護事業者

職員

24時間体制のケア
随時の訪問サービス

夜間の巡回訪問サービス

自宅

利用者

・オムツの交換、体位変換
・オペレーションセンターが要介護者からの連絡を受けた際に、適切な処置・サービスの提供

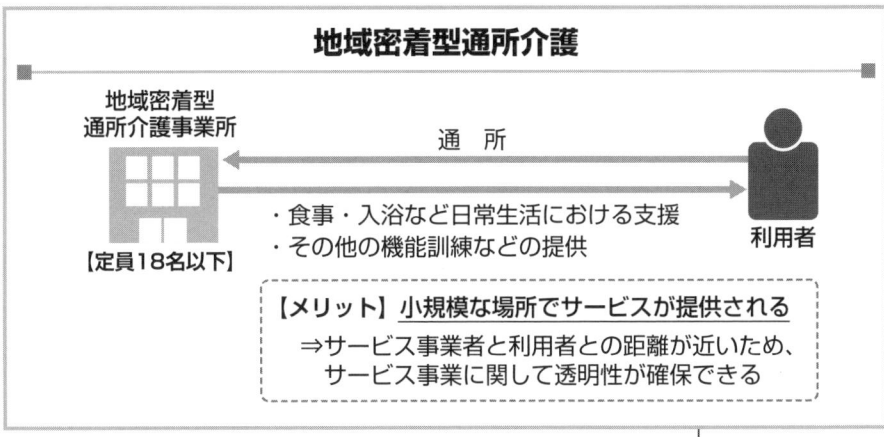

地域密着型通所介護

地域密着型
通所介護事業所

【定員18名以下】

通　所

・食事・入浴など日常生活における支援
・その他の機能訓練などの提供

利用者

【メリット】小規模な場所でサービスが提供される
⇒サービス事業者と利用者との距離が近いため、サービス事業に関して透明性が確保できる

りを重視していることです。このサービスは、①当該市町村の住民であること、②要介護3以上の認定を受けていること、③在宅での介護が困難であること、などを満たした高齢者が入居することができます。ただし、要介護1、2でも入居できる場合があります。

■ 地域密着型特定施設入居者生活介護

　定員29名以下の少人数制の有料老人ホームやケアハウスなどで提供される介護サービスです。特定施設入居者生活介護との

地域密着型通所介護の成り立ち

2016年4月から定員18名以下の通所介護事業所は、居宅サービスから地域密着型サービスに移行した。
地域の実情に合わせて運営しやすくなった。
一方で、通所介護は参入がしやすく事業所数が増えすぎた面もあり、市町村ごとに利用需給の調整を行いやすいようにした。

違いは、少人数制で家庭的な雰囲気を持つこと、介護サービスの外部委託がないことなどです。

■ 地域密着型通所介護

地域密着型通所介護は、定員18名以下の通所施設などで提供されるサービスです。施設において、食事・入浴をはじめとする日常生活における支援を受けます。

また、その他にも機能訓練などを受けて、利用者が自宅で自立した生活を営むことができるように支えることが目的です。それによって、要介護者の精神的なサポートも図っています。

■ 認知症対応型通所介護とは

自宅で生活している認知症の症状がある要介護者にデイサービスセンターなどに通ってもらい、入浴、排せつ、食事などの介護や機能訓練を実施するのが認知症対応型通所介護です。通常のデイサービスと異なり、専門的な認知症ケアを行える点が特徴です。そのため、利用にあたっては医師による「認知症」の診断が必要になります。認知症対応型通所施設での介護は、利用者が家庭的な雰囲気の中でゆったりした気分で過ごせるため、症状の進行を遅らせ、自立した生活を送ることが可能となります。利用料は、どこで実施されているかによって、単独型、併設型、共用型の3種類の料金区分があります。

■ 認知症対応型共同生活介護とは

認知症の高齢者が5〜9人で共同生活するグループホームで行われる介護サービスを認知症対応型共同生活介護といいます。認知症の高齢者が家庭的な環境で生活でき、食事や洗濯などの身の回りのことを自ら行うことで、認知症の進行を遅らせ、自立した生活の継続をめざします。

定期巡回・随時対応型訪問介護看護

【定期巡回・随時対応型訪問介護看護】⇒訪問介護と訪問看護のサービスを一体的に24時間体制で提供する	サービス内容	一体型事業所	連携型事業所
	① 訪問介護員が定期巡回して日常生活の介護を行う	○	○
	② オペレーターが通報を受け、利用者の状況に応じたサービスなどを手配する	○	○
	③ ②を受けて、訪問介護員が居宅を訪問して日常生活の介護を行う随時訪問サービス	○	○
	④ 看護師などが療養上の世話や診察の補助で訪問を行うサービス	○	※連携先に委託

■ 定期巡回・随時対応型訪問介護看護

　定期巡回・随時対応型訪問介護看護とは、訪問介護と訪問看護のサービスを一体的に24時間体制で提供する制度です。利用者は介護サービスとともに看護サービスを一体的に受けることができます。具体的なサービスの内容は、①訪問介護員が定期巡回して日常生活の介護を行うサービス、②オペレーターが通報を受け、利用者の状況に応じたサービスなどの手配、③その通報を受けて、訪問介護員が居宅を訪問して日常生活の介護を行う随時訪問サービス、④看護師などが療養上の世話や診察の補助で訪問を行うサービスがあります。

■ 看護小規模多機能型居宅介護

　看護小規模多機能型居宅介護は、前述した「小規模多機能型居宅介護」と「訪問看護」を組み合わせてサービスを提供します。サービス内容は、事業所への通所を基本にしつつ、利用者の状況やニーズに応じて、短期間の宿泊や利用者宅への訪問（介護、看護）も可能です。

看護小規模多機能型居宅介護の対象

小規模多機能型居宅介護で提供できない訪問看護を提供できるため、医療を必要とする重度の在宅利用者を対象とする。住み慣れた家で安心して生活することをめざす。

介護予防・日常生活支援総合事業

さまざまな生活のニーズに応えるために総合的なサービスを提供するしくみ

■ どんな制度なのか

介護予防・日常生活支援総合事業は、「地域包括ケアシステム」の考え方と密接に関係しています。これまでとおり病院、リハビリ施設、介護サービス事業所などが専門サービスを提供し、一方で、老人クラブや自治会、ボランティア、NPOなど多様な主体が生活支援サービスを提供します。地域のニーズに合わせ専門サービスと生活支援サービスを一体的に提供するのが介護予防・日常生活支援総合事業です。また、介護が必要な人の著しい増加傾向に伴い、かつての介護予防訪問介護、介護予防通所介護サービスが、総合事業へ再編されています。

介護予防・日常生活支援総合事業は、一般介護予防事業と介護予防・生活支援サービス事業に分けられます。一般介護予防事業は、次ページ図のような事業を行います。

介護予防・生活支援サービス事業は、訪問型サービス、通所型サービス、その他の生活支援サービスに分けられます。

・訪問型・通所型サービス

従来型の訪問型サービスと通所型サービスは、かつての介護予防訪問介護、介護予防通所介護と同様の基準に従って提供されるサービスを指しています。つまり、訪問型サービスにおいては、身体介護を中心とするサービスが提供され、実際のサービスは、訪問介護員が行います。通所型サービスにおいては、生活機能向上を目的とした機能訓練に関するサービスが提供され、サービスを提供するのは通所介護事業者に従事する人です。さらに、多様なサービスとして緩和した基準によるサービスを

介護予防・日常生活支援総合事業の内容

市町村独自で定めることができます。これらのサービスは住民やボランティア主体による支援が想定されています。具体的な内容として、ヘルパーによる掃除や洗濯、買い物などの代行サービス、専門的な知識がなくても提供できる、簡易な運動機能維持を目的に提供されるサービスが挙げられます。

・生活支援サービス

訪問型・通所型のサービスとは別に、利用者の生活上必要なサービスとして、以下のようなサービスを提供します。

① 栄養状態の改善を目的とする配食

② おもにボランティアによる見守り活動など

■ どんな人が利用できるのか

介護予防・日常生活支援総合事業を利用するためには、要介護度の認定は必要ありません。一般介護予防事業の利用者は、日常生活に支障のない一般の高齢者など誰でも利用できます。介護予防・生活支援サービスは、要支援1、2該当者、基本チェックリストの該当者が利用できます。

訪問型・通所型サービスの対象者

訪問型・通所型サービスは、原則として、要支援認定を受けた在宅の者が対象であり、要支援認定を受けていない者は例外的に対象に含まれるにとどまる。

基本チェックリスト

介護予防・生活支援サービスの対象かどうか、心身機能の衰えや介護の有無など25項目の質問によって簡易的に判定する。

包括的支援事業

■ 包括的支援事業とはどんな制度なのか

　包括的支援事業とは、地域支援事業の一環として、さまざまな機関がネットワークを構築して、地域に生活するサービス利用者を支援する事業です。

　包括的支援の実施主体は市町村です。市町村は包括的支援事業を実施する義務を負います。この点は、任意事業とは異なる点です。そこで、市町村は、包括的支援事業を行う上で必要な人員・機関を配置する努力義務（法的な義務ではなく、実施しなくても制裁などの規定が設けられていない義務）を負います。具体的には、介護支援専門員、保険医療・福祉に関する専門家、民生委員などから構成される地域ケア会議の設置が挙げられます。包括的支援事業は、市町村自らが実施するのが原則といえますが、老人介護支援センター（老人福祉法に基づく機関）などに対して、包括的支援事業の実施を委託することも認められています。

　また、包括的支援事業を、一体的に推進する役割が期待されている機関として、地域包括支援センターが重要です。地域包括支援センターを設置できるのは、市町村から包括的支援事業の実施を委託された事業者などです。地域包括支援センターは、地域支援事業において、介護予防・生活支援サービス事業の利用者が適切なサービスを受けているのかなどをチェックして、ケアマネジメントを行います。さらに、地域包括支援センターは、地域支援事業にとどまらず、予防給付についても、要支援者を対象に、介護予防に関するケアマネジメントを行います。そのため、地域包括支援センターは、事業者が利用者に対して

包括的支援事業とは

| 包括的支援事業 | 市町村に義務付けられた利用者の包括的・一体的支援事業
⇒市町村は老人介護支援センターなどに事業を委託可能
★市町村の委託を受けた事業者は地域包括支援センターの設置が可能 |

【おもな事業内容】

① 介護予防ケアマネジメント業務、② 総合的な相談支援事業
③ 権利擁護事業、④ ネットワークづくり（包括的・継続的ケアマネジメント支援事業）
⑤ 在宅医療・介護連携推進事業、⑥ 生活支援体制整備事業
⑦ 認知症施策推進事業

過剰な介護サービスを提供することを防ぐ、重要な歯止めになっています。そして、地域支援事業は、要支援あるいは要介護状態の陥る前からのケアを可能にする制度ですので、実際に要支援・要介護認定を受けた後も、連続的に適切なケアマネジメントを行うことができるという利点もあります。

■ どんな事業があるのか

包括的支援事業のおもな内容は、介護予防ケアマネジメント業務以外には以下のようにまとめることができます。

① 地域に住む高齢者の実態を把握して、適切な施設に関する情報提供などの総合的な相談支援事業

② 利用者が虐待にあっていないかなどのチェックなど、利用者の権利擁護に関する事業

③ 地域のケアマネジャーに対する相談・助言・指導をはじめとする関係機関とのネットワークづくり

④ 介護事業者と医療機関との連絡・調整など在宅医療・介護連携推進事業

⑤ 日常生活の支援など生活支援体制整備事業

⑥ 認知症の早期発見、症状緩和などの施策推進事業

> **地域のケアマネジャーに対する相談・助言・指導などの関係機関とのネットワークづくり**
>
> 介護支援専門員、保険医療・福祉の専門家などから構成される地域ケア会議を設置する努力義務（従わないことによる法的制裁などがない義務）を負う。

任意事業

■ 任意事業とはどんな制度なのか

任意事業とは、地域支援事業の一環として、利用者に対するさまざまな支援を行う事業です。また、介護サービス利用者が、住み慣れた地域で快適に生活できるように、介護保険事業の安定的な運営を支援するという目的もあります。事業の対象者は、介護保険の被保険者や要介護者を介護する家族、その他市町村が認めた者です。任意事業は、介護予防・日常生活支援総合事業や包括的支援事業が法的な義務であるのに対して、実施の有無については市町村の裁量に任されています。

■ どんな事業があるのか

任意事業は、地域の実態に合わせて、比較的幅広い事業を展開することができます。以下では、厚生労働省が任意事業として掲げている事業の分類に従って、①介護給付費等費用適正化事業、②家族介護支援事業、③その他の事業に分けて、具体的な事業の内容について見ていきましょう。

① 介護給付費等費用適正化事業

介護給付費等費用適正化事業とは、利用者にとって適切なサービスの確保のために、特に、介護給付費などの費用の適正化に必要な事業のことです。おもな事業内容は以下のとおりです。

・要支援・要介護認定の適正性に関するチェックなど
・作成されたサービス計画（ケアプラン）の記載内容などのチェックなど
・住宅改修・福祉用具購入・貸与について必要性のチェックなど

おもな任意事業の内容とは

任意事業

介護給付費等費用適正化事業
- ・要支援・要介護認定の適正性に関するチェック
- ・作成されたサービス計画の記載内容などのチェック
- ・住宅改修・福祉用具購入・貸与について必要性のチェック
- ・介護サービス利用者に対する、利用したサービス内容や費用の内訳の通知
- ・介護情報と医療情報の突合せや費用の請求内容のチェック　など

家族介護支援事業
- ・介護教室の開催や、認知症高齢者の見守り体制の整備　など

その他の事業
市町村のオリジナリティがもっとも現れる事業
- ・成年後見制度利用支援事業や、グループホームの家賃助成　など

・介護サービス利用者に対する、利用したサービス内容や費用の内訳の通知

・介護情報と医療情報の突合せや費用の請求内容のチェックなど

②　家族介護支援事業

　家族介護支援事業とは、介護が必要な人を抱えた家族を対象に行う介護方法の指導など、必要な支援事業です。介護教室の開催や、認知症高齢者の見守り体制の整備などが挙げられます。

③　その他の事業

　その他、任意事業として、地方の実情に合わせてさまざまな事業を運営することが可能です。各市町村の独自性がもっとも現れる事業といえます。たとえば、成年後見の申立てに必要な経費や後見人などに支払う報酬の助成を行う成年後見制度利用支援事業や、グループホームの家賃などを助成する事業などが挙げられます。

> **家族介護支援事業の具体的内容**
>
> 市町村が実施する、家族介護支援事業の具体的内容として、本文記載の事業以外にも、おもに以下の事業が挙げられる。
> ・介護用品の支給
> ・家族介護者の交流
> ・家族介護者に必要な知識・技能の習得の支援

民間の介護保険も活用されている

　介護費用保険は、被保険者が加齢によって一人で生活でき-なくなり、介護が必要になったときに、その費用を補てんするための保険です。公的介護保険のサービスの対象は、65歳以上の要支援・要介護状態の人、及び40歳以上で脳卒中などにより要支援・要介護状態になった人に限られています。また、公的介護保険では、金銭を受給することはできません。ヘルパーが来られない時間帯に別に住んでいる家族が行くという場合、交通費などがかかります。介護保険の対象となる介護サービスでは不十分だったり、満足できないという場合には、全額自己負担で介護保険の使えない介護サービスを受けなければなりません。寝たきりや認知症など、症状が重くなればオムツなどの介護用品の使用量も増えますし、場合によっては引っ越しや住宅改修などの必要性も出てきます。介護費用保険に加入すると、このような介護保険だけではまかなえない費用を補てんすることができるわけです。

　介護費用保険は販売する保険会社によって内容が違います。具体的には、①年金型（要介護状態になったと認定された場合に、月々いくらという形で保険金が支払われる）、②一時金型（要介護状態になったと認定された場合や、要介護状態から回復した場合など、所定の状態になると一時金を受け取ることができる）、③実費補てん型（介護サービスの利用にかかった費用や住宅改修費用、介護用品の購入にかかった費用など、実際にかかった費用を限度額の範囲で受け取ることができる）のような保険金支給の種類があり、単独で扱う商品もあれば、これらを組み合わせている商品もあります。

　なお、介護費用保険の場合、「要介護状態」の認定が保険会社によって異なります。保険の給付が始まるのは、通常180日程度要介護状態が続いた後のことになります。公的介護保険の要介護認定とは別に独自の基準を定めている商品もありますので、注意してください。

PART 4

介護サービス事業を開始するための法律知識

事業者

豊富なサービスの種類と施設の種類の特徴を把握して
おく

■ 事業者

介護保険のサービスを提供するのは、行政機関ではなく、営利法人やNPO法人といった事業者です。介護給付の対象になる介護サービスについては、原則として都道府県知事による指定を受けなければなりません。地域密着型サービスについては、市町村長の指定を受ける必要がありますので注意が必要です。

介護保険制度上のサービスを提供する事業者は、一定の要件を備える必要があります（次ページ図）。主要な要件は以下のとおりです。

・法人などであること

・人員、設備に関する基準を満たしていること

・運営に関する基準を満たしていること

これらの各種基準は、利用者にとって適切な介護サービスが提供されるように、サービスの水準を維持するために設けられています。介護サービスの事業者が指定を受けるための各種基準については、原則として、各地方公共団体が条例により規定しています。また、介護を担う職員を確保する必要性が高まっていることから、指定を受けようとする事業者が、労働基準法をはじめとする労働法規に違反し、罰金刑を受けた場合には、指定を受けることができません。

・**指定事業者として欠格事由に該当しないこと**

欠格事由には、たとえば、過去５年以内に指定事業者の取消処分を受けていることなどが挙げられます。

事業者が、都道府県に対して指定の申請を行った場合、指定

事業者の指定基準

事業者の指定基準について、現在では基本的に条例により定められている。

事業者の指定要件

・事業者が法人であること（原則）
・提供するサービスごとに、適切な人員基準を満たしていること
・提供するサービスごとに適正な運営を行うこと、また、運営の際には所定の運営基準や施設基準に従っていること
・欠格事由に該当しないこと

基準を満たし、欠格事由がない限りは、原則として事業者・施設に関する指定を行わなければなりません。もっとも、施設サービスなどについては、事業者が施設を設置予定の地域において、すでに十分な介護サービスが提供されているなどの状況が認められる場合には、都道府県は、例外的に指定を拒否することが認められています。

指定事業者の欠格事由

現在、指定事業者の欠格事由のひとつとして、介護職員などの処遇を改善する目的で、労働基準法などの労働関連の法令に違反し、罰金刑を受けたことがある場合が含まれている。

■ 指定事業者とは

在宅サービスを提供したり施設サービスを提供する事業者のうち、介護保険の適用を受けるサービスを提供する事業者のことを指定事業者といいます。指定事業者は、要介護者を対象に行うサービスについて大別すると、指定居宅介護支援事業者、指定居宅サービス事業者、介護保険施設の3種類に分かれます。

・指定居宅介護支援事業者

指定居宅介護支援事業者は、在宅で支援を受ける利用者の利用計画（ケアプラン）を作成することがおもなサービス内容です。その他にも、利用者の状況や家庭の事情などを考慮して、その人らしい生活が送れるように、さまざまな調整を行います。具体的には、すでに提供しているサービスが利用者に合っているかどうかをチェックしたり、必要に応じてプランの再作成を

行います。また、サービス事業者との連絡をとるなど、利用者と事業者の橋渡し的存在です。

このようなケアプランの作成をメインとして行うケアマネジャーは、指定居宅介護支援事業者の下で仕事を行っています。

・指定居宅サービス事業者

利用者に対して直接、介護サービスを提供しているのが指定居宅サービス事業者です。指定居宅サービス事業者は、在宅の利用者に対してケアプランに沿った居宅サービスを提供します。指定居宅サービス事業者は、その提供するサービス内容の種類に応じて細かく指定されます。たとえば、事業者が訪問看護と訪問介護のサービスを提供したい場合には、訪問看護の指定と訪問介護の指定を受ける必要があります。

・介護保険施設

指定事業者が運営する施設です。介護保険施設は、介護老人福祉施設、介護老人保健施設、介護医療院に分けられます。かつての介護療養型医療施設は、2023年度末に完全に廃止される予定です。介護保険施設のうち、介護老人福祉施設と介護医療院などは介護保険上の指定を受けることが必要ですが、介護老人保健施設は介護保険上、許可を受けることが必要とされています。

また、事業者の指定を行う主体についても注意が必要です。②指定居宅サービス事業者と③介護保険施設については、都道府県知事が指定を行います。その他に、要支援者を対象に、訪問入浴介護サービスなどを提供する指定介護予防サービス事業者についても、都道府県知事の指定を受ける必要があります。

これに対して、①指定居宅介護支援事業者については、かつては都道府県知事の指定を受ける必要がありましたが、現在では、指定の権限が市町村長に移譲され、市町村長の指定を受ける必要があります。また、指定介護予防支援事業者についても市町村長の指定が必要です。その他にも、地域密着型サービス

介護療養型医療施設

本文記載のように、2023年度末に完全に廃止される予定であるが、もともとは2017年度末に廃止される予定であった。しかし、介護医療院などへの移行がスムーズに進まないために、2011年度末に、経過措置期間の期限を設けたが、再び期間が延長されている。

を提供する事業者（指定地域密着型サービス事業者や指定地域密着型介護予防サービス事業者）については、市町村長の指定が必要になりますので注意が必要です。

■ 人員基準、設備基準、運営基準の内容

各介護サービスごとの人員基準や設備基準、運営基準にはおおまかにどんなことが規定されているのか、について説明します。

サービスを提供する上で、最低限必要な職種やその人数を規定しているのが人員基準です。介護サービスを提供する事業所では、さまざまな職種の人が働いています。訪問系、通所系、施設系のサービスによって、提供するサービスも異なりますので、当然必要となる職種や人数も異なっています。たとえば、訪問介護で、オムツ交換などの身体介護や洗濯などの生活介護を提供する場合は、介護福祉士などのヘルパーが行います。一方で、医師の指示の下、医療的なケアを行う訪問看護では、看護師など専門的な資格を持った従業員が提供する必要があります。施設系のサービスでは、ケアプランを作成するケアマネジャーや、利用者の個別相談、入退去のサポートを行う生活相談員、食事の管理を行う栄養士などを置かなければなりません。

設備基準では、居室面積や必要なスペースなどを規定しています。介護施設では病院などと違い生活の場にもなっているため、病院と比べて広い居室面積が必要とされています。また、プライバシーへの配慮やバリアフリーにするなどが求められます。

運営基準では、運営上、事業所が行わなければならないことや留意すべき事項が規定されています。介護サービスは、専門的なことも多く、利用者にはわかりにくい制度となっています。そのため、事業者は、運営規程の概要やサービスの内容、料金を記載した重要事項説明書などを、利用前に利用者やその家族に説明して、同意を得る必要があります。また、サービスの提供を拒否したり、何らかの理由でサービスが提供できない場合

人員基準

人員基準として、必要な従業員数も規定されている。施設サービスや通所サービスでは、利用者3名に対して、1名以上の介護職員や看護職員を配置するのが原則である。一方、訪問サービスでは、1名の利用者に対して、原則1名の職員がサービスを提供する。

は、他の事業者を紹介するなどのルールが定められています。

■ サービス内容の種類ごとに指定を受ける

介護サービスを提供する事業者は、都道府県知事や市町村長から指定を受ける必要があります。指定を受ける際には、サービスごとに定められた基本方針、人員基準、設備・運営に関する基準に従う必要があります。たとえば、訪問・通所サービスなどについて指定を受ける場合は、ケアプランに沿ったサービスの提供、必要に応じた個別支援計画の変更、サービスの提供に関する事項の記録を残すこと、居宅介護事業者との連携などが求められています。

一方、短期入所サービスについて指定を受ける場合には、不要な身体拘束の禁止、入浴・オムツ交換の頻度、職員以外の者による介護の禁止などについて、一定の基準に従う必要があります。

■ 指定には特例もある

指定を受けなくても、介護サービスが提供できる「特例」が適用される場合が3つあります。

① みなし特例

他の法律によって認可、指定を受けている機関は、指定を受けたとみなされるという特例です。医療法、健康保険法、福祉法、老人保健法で認可、指定を受けている機関が一定の介護サービスを提供する場合に、この特例が適用されます。たとえば、病院や診療所が、訪問看護、訪問リハビリ、居宅療養管理指導といった介護サービスを提供する場合には、介護保険についての指定を受ける必要がありません。

② 申請なしで指定介護保険施設となることができるという特例

たとえば、介護保険法施行前から存在していた既存の特別養護老人ホームや介護老人保健施設については、介護老人福祉施設や介護老人保健施設の指定を受ける必要がありません。

③ **指定を受けていない事業者が提供するサービスであっても、市町村の判断で、介護保険の給付対象とできるという特例**

　この特例の対象になるのは、指定サービスと同水準と考えられる基準該当サービスと、サービス確保が難しい離島や過疎地において提供される離島等相当サービスです。

■ 指定の取消や業務管理体制の届出について

　かつての介護保険制度は、社会保険制度などと比べると規制がされていなかったため、悪質な業者によって多くの不正な請求がなされていました。こうした事態への対策を重視した国は、段階的に介護保険の事業者に関する規制の見直しや強化を繰り返してきました。不正請求を行う悪質な事業者については、指定を取り消すことで、介護保険の制度から締め出すしくみを導入し、介護サービスの質の向上を図りました。指定制度について強化された項目として、以下の項目が挙げられます。

① **指定の更新拒否と取消制度**

　指定の有効期限を6年程度とし、更新時に適正な事業運営が不可能だと判断された事業者については、更新が拒否されます。また、介護サービス事業者の指定権者である都道府県や市町村は、労働基準法など、労働法規に違反して罰金刑を受けた事業者の指定を取り消すことが可能です。

② **業務管理体制の届出の義務化**

　整備すべき体制は、各事業者が運営する事業所等の数により異なり、運営する事業所・施設の数が1以上20未満の場合は、法令順守責任者を選任する必要があります。また、20以上100未満であれば、法令遵守規程の整備と、法令遵守責任者の選任が必要です。さらに、100以上であれば、それらに加え業務執行の状況の監査の方法の届出も必要です。

指定の取消し

事業者が指定の取消しについて、指定全体を取り消す場合の他、部分的に取り消すことも可能である。

指定を受けるサービスの種類と手続きの流れ

都道府県の指定や市町村の指定を受けることが必要

■ 事業者として指定を受ける

介護保険のサービスにはさまざまな種類がありますが、サービスを提供する事業者になるためには都道府県や市町村の指定を受けることが必要です。都道府県の指定を受けることが必要なサービスと、市町村の指定を受けることが必要なサービスがあります。

■ 指定申請の手続きの流れ

指定申請は、①都道府県や市町村と事前相談、②必要な書類を作成、③役所の担当窓口で申請、④審査、⑤指定、という流れが一般的です。

指定前に説明会や研修が行われている自治体もあるので、事前相談の段階で確認しておく必要があります。また、申請の時期についても事業開始日の2か月前末日までなど、申請期限が決まっている自治体が多いので計画的に進めましょう。

申請後、事業所としての各サービスの人員基準、設備基準、運営基準などを満たしているかどうか、申請者（事業者）やその法人役員が欠格事由に該当していないかどうかを審査します。基準を満たしていれば指定が行われ、サービスを開始することができます。

介護サービスはこのような基準に基づく指定を行っていることに特徴があります。新規申請以外にも、人員配置が変更になった場合の変更申請や6年に一度は指定更新を行う必要があります。

市町村が認定する事業者

介護サービスの内容が地域密着型サービスである場合に市町村による認定が必要になる。

介護サービスと指定権者

	介護サービス	指定権者
居宅サービス・介護予防サービス	訪問介護、 （介護予防）訪問入浴介護 （介護予防）訪問看護、 （介護予防）訪問リハビリテーション、 （介護予防）居宅療養管理指導、通所介護、 （介護予防）通所リハビリテーション、 （介護予防）短期入所生活介護、 （介護予防）短期入所療養介護、 （介護予防）特定施設入居者生活介護、 （介護予防）福祉用具貸与、 特定（介護予防）福祉用具販売	都道府県 （指定都市、中核都市）
施設サービス	介護老人福祉施設、介護老人保健施設、 介護療養型医療施設、介護医療院	都道府県 （指定都市、中核都市）
地域密着型サービス・地域密着型予防サービス	定期巡回・随時対応型訪問介護看護、 夜間対応型訪問介護、 地域密着型通所介護、 （介護予防）認知症対応型通所介護、 （介護予防）小規模多機能型居宅介護、 （介護予防）認知症対応型共同生活介護、 地域密着型特定施設入居者生活介護、 地域密着型介護老人福祉施設入所者生活介護、 看護小規模多機能型居宅介護	市町村
その他	居宅介護支援、介護予防支援	市町村
	介護予防・生活支援サービス事業	市町村

■ 指定事業者になるための必要な要件

　介護保険事業者の指定を受けるためには、以下のような条件を満たしている必要があります。重要なことは、介護サービス

指定事業者になるための必要な要件

2011年の介護保険法改正により、指定事業者に必要な要件について、原則として条例により定められることになった。

は公的な要素が大きいため、継続的に一定水準以上の介護サービスを提供できるかどうかが問われています。

① 法人であること

② 人員基準、設備基準を満たしていること

③ 運営基準を満たし、適切な事業の運営ができること

④ 欠格事項に該当しないこと

■ 居宅サービスについての指定

指定が必要な居宅サービスには、前ページ図のようなサービスがあります。

介護給付、予防給付の各サービスの指定は都道府県が行います。都道府県の指定の事務は、指定都市および中核市に移譲されています。そのため、都道府県（指定都市、中核市）の担当窓口に事前相談を行う必要があります。なお、健康保険法で保険医療機関や保険薬局としてすでに指定されている医療機関などが、訪問看護や訪問リハビリテーションなどを行う場合は、指定申請を行わなくてもサービスを開始できます（みなし指定）。

■ 施設サービスについての指定

指定が必要な施設サービスには、前ページ図のようなサービスがあります。

介護給付の各サービスの指定は都道府県が行います。なお、施設サービスの場合、指定申請を行う前に土地の取得や施設整備の準備などがあるため、都道府県の施設整備計画に沿って募集が行われます。募集に応募して選定され、工事の着工などを経て指定申請を行うという流れになります。

■ 地域密着型サービスについての指定

指定が必要な地域密着型サービスには、前ページ図のようなサービスがあります。

介護給付、予防給付の各サービスの指定は市町村が行います。そのため、市町村の担当窓口に事前相談を行う必要があります。

　2018年4月からは「保険者（市町村）の機能強化」が行われています。地域のマネジメントを推進するため、保険者である市町村が介護サービスなどの供給量を調整できるように、指定拒否や条件付加のしくみが導入されています。これにより、地域密着型通所介護事業所などの数が市町村の介護保険事業計画の見込み量に達している場合に、事業所の指定を拒否することが可能になっています。

■ その他のサービスについての指定

① 居宅介護支援、介護予防支援

　居宅サービスなどのケアプラン作成がおもなサービス内容です。これまで都道府県による指定でしたが、2018年4月からは市町村が指定を行うことになりました。

　背景には、保険者（市町村）の機能強化があります。ケアプランは、介護保険利用者と地域でサービス提供を行う事業所の橋渡し的存在です。ケアマネージャーを育成、指導、支援することが、サービスの質向上には欠かせないため、市町村単位でそれらを行えるしくみが作られました。

② 介護予防・生活支援サービス事業

　介護予防・生活支援総合事業の中には、一般介護予防事業と介護予防・生活支援サービス事業があります。後者の介護予防・生活支援サービス事業は、訪問型サービスと通所型サービスに分かれており、これまであった介護予防訪問介護や介護予防通所介護がこの事業に移行しました。

　これらの訪問型サービスと通所型サービスを「第1号事業」と言い、市町村の指定を受ける必要があります。

介護報酬

加算中心の報酬改定によって、小規模事業所が淘汰されるおそれもある

■ 介護報酬とは

　介護報酬とは、事業者が利用者に介護サービスを提供した場合に、保険者である市町村から、事業者に対価として支払われるサービス費用です。

　介護報酬は訪問介護や訪問入浴介護などの介護サービスの費用に応じて基本単価が定められており、各事業者の体制や、利用者の状況に応じてそれに加算・減算されます。

　介護保険では、サービスの単価を単位と呼ばれる指標で設定しています。厚生労働省の告示により、地域ごとに1単位あたり10円から11.4円と設定されているので、月ごとに集計したサービス単位数の合計に地域ごとの単価を乗じた金額が、その月に事業者が提供したサービスの対価ということになります。

　介護保険は費用の1割をサービスの利用者が負担するしくみになっていますので、サービスの対価のうち1割を利用者が負担し、残りの9割を市町村から受けとることになります。ただし、一定以上の所得がある場合には、負担割合が2割に引き上げられていますので、注意が必要です。さらに、特に所得が高いと判定された場合には、3割の負担が求められることになります。

■ 介護報酬はどのように決定するのか

　介護報酬の額は、厚生労働大臣が定める基準により算定されます。この基準については、介護給付費単位数表として公開されます。介護給付費単位数表の作成にあたっては、原則として、

介護報酬は、約3年ごとに改定されてきたが、近年では比較的頻繁に改定が行われている。2019年10月から適用される介護報酬の算定基準について、2019年2月に見直し案が取りまとめられた。

介護報酬とは

| 介護報酬 | 事業者が利用者に介護サービスを提供した場合に、保険者である市町村が事業者に支払うサービス費用 |

▶1 単位：原則 10 円として設定されている

（例）1 か月に 4 回訪問介護を利用した場合の介護報酬の算定方法

20 分以上 30 分未満の身体介護（訪問介護）⇒ 介護報酬は 249 単位

（2019 年 10 月以降）

249 単位 × 10 円 × 4回 ＝9,960 円
∴事業者は 9,960 円の介護報酬を受け取ることができる

介護サービスごとに、そのサービスに必要な平均的な金額を考慮して算定することになります。また、利用者のニーズが高くサービス提供者の数が少ない場合には、介護報酬を高くしたり、加算を設定することでサービス提供者の参入を促すことも行われます。

さらに、介護報酬の算定方法については、提供されるサービスの種類に応じて、異なる方法が定められています。たとえば、居宅サービスの場合、サービスの利用時間に応じた金額で算定されます。これに対して、施設サービスの場合には、提供されるサービスが対象とする要介護認定の度合いに応じて、一日当たりの金額で算定されます。

■ 2019年度の介護報酬改定の狙い

2019年度の介護報酬改定では、おもに以下の点に関する改定が実施されました。

① 介護職員のさらなる処遇改善

② 2019年10月に施行された消費税引き上げに伴う介護報酬に関する消費税の取扱いに関する改定

介護報酬算定の例

たとえば、訪問介護のうち、20分以上30分未満の身体介護については、介護報酬が249単位とされている（2019年10月以降の介護報酬）。このサービスを1か月に4回提供したとすると、249単位×10円×4回より9,960円が、事業者の受け取る介護報酬ということになる（1単位＝10円の場合）。

③　低所得者に対する食費・居住費の負担軽減に関するしくみ

　介護スタッフについては、賃金の低さや離職率の高さが問題視されていたことから、介護スタッフの賃金などを改善することで、介護事業者の経営の安定化を図ることが、長年にわたり介護報酬の改定における狙いとされてきました。2019年度の改定では、経験・技能の高い介護職員について、特に処遇改善を厚くして、月額平均8万円程度の加算が行われています。

低所得者などに対する配慮

定率により利用者の負担額が定められる場合、必要とする介護の程度が重度の人や、所得が低い人にとっては、負担が過度になるおそれがある。そこで、高額介護サービス費などの制度が設けられている。

　低所得者に対する食費・居住費の負担軽減に関するしくみについては、基準費用額が引き上げられました（自己負担の上限額は変更なし）。これにより、低所得者に対して、基準費用額と自己負担額の差額である特定入所者介護サービス費（補足給付）による負担軽減が手厚くなっています。具体的に負担軽減が行われる対象者は、以下の3区分に該当する介護サービス利用者となります。ただし、配偶者が市民税課税であったり、預貯金などの額が1,000万円以下（夫婦の場合は2,000万円）であった場合は対象外となるので、注意が必要です。

基準費用額の引き上げ

2019年10月の改正で、食費の基準額が1,380円から1,392円に引き上げられる。また、居住費についても、ユニット型個室1,970円から2,006円に引き上げられる（35ページ）。

①　生活保護受給者・世帯全員が市町村民税非課税である老齢福祉年金受給者
②　世帯全員が市町村民税非課税で、年金と合計所得金額が80万円以下の人
③　世帯全員が市町村民税非課税で、上記②に該当する以外の人

■ さまざまな加算が行われる

　介護報酬については、基本の報酬部分に加えて、さまざまな加算が行われます。たとえば、職員のキャリアを考慮したサービス提供体制強化加算があります。具体的には、介護福祉士や3年以上の勤続年数のある人などを一定割合雇用している事業所にはサービス提供体制強化加算が適用されます。

　医療との連携や認知症への対応を強化するための加算もあります。医療との連携については、居宅介護を受けている人が入

2019年度の介護報酬改定の狙い

【2019年度のおもな介護報酬の改定ポイント】

① 介護職員のさらなる処遇改善

⇒ 経験・技能の高い介護職員に対して月額平均8万円程度の加算を行う

② 消費税引上げに伴う介護報酬に関する消費税の取扱いに関する改定

⇒ 2019年10月に施行された消費税引上げに伴い適切に介護報酬の
上乗せを行う

③ 低所得者に対する食費・居住費の負担軽減の拡充

⇒ 以下の3区分に該当するサービス利用者に対して、負担額と
基準費用額の差額を拡充する（特定入所者介護サービス費）

・生活保護受給者・世帯全員が市町村民税非課税である老齢福祉年金受給者
・世帯全員が市町村民税非課税で、年金と合計所得金額が80万円以下の人
・世帯全員が市町村民税非課税で、上記②に該当する以外の人

院した場合の対応などにつき加算が認められています。一方、認知症については、若年性認知症者の受け入れ体制や、認知症高齢者等への専門的なケア体制が整っている場合には加算の対象となります。

■ 利用者との関係でどのようなことに気をつけるべきか

　介護報酬の改定により介護報酬が上がると、結果的に利用者の自己負担分も増加するため、自己負担分の支払いが困難になった利用者がサービスの利用を中止することが予想されます。利用者の負担が増えると、結果的にサービスが利用されなくなり、事業者が経営難に陥るおそれも生じます。また、介護保険は、要介護度に応じて支給限度額が定められており、支給限度額を超える部分については利用者が自己負担しなければなりません。そのため、介護報酬の増加は、保険で利用できるサービスの範囲の縮小につながります。

地域差の考慮

介護報酬は、地域差を考慮して、その額が変動するしくみになっている。介護報酬の単価は、地域に応じて1単位10 〜 11.4円 となっているが、それに加えて中山間地域（平野の外側から山間部にかけての地域のこと）に訪問介護を行う場合などは加算を算定することができる。

介護サービスの情報公表システム

地域で提供している介護サービスをいつでも検索できる

**介護サービス情
報公表サービス**

介護サービス情報公表
サービスは、より利用
しやすい形で修正・改
善が加えられている。
2019年4月以降、介
護サービス事業者の検
索画面において、①本
人家族に合ったサービ
ス、②目的・場所に合
わせた介護サービス事
業者、③ケアマネ
ジャーなど詳しい条件
による検索が可能に
なっている。

■ 介護サービス情報公表システムとは

介護サービス情報公表システムとは、介護サービス事業所に関する情報が掲載されているインターネット上のサービスです。日本全国にある約21万か所の介護サービス事業所の情報について、24時間・365日いつでも、誰もが閲覧できます。そのため、介護サービスの利用を希望する本人はもちろん、本人以外の家族が、利用者に適した介護サービス事業所を検索し、比較検討する場合に用いることも可能です。

■ どんな情報が公開されているのか

介護サービス情報公表システムに掲載される情報として、おもに以下のような情報が挙げられます。

・事業所の概要

介護サービス事業所を検索するために介護サービス情報公表システムを利用する場合、都道府県を選択すると、25種類・合計51の介護サービスについて、提供している介護サービス事業所の名称・住所・電話番号・営業時間などの検索が可能です。

・事業所に関する基本情報

介護サービス事業所は1年に1回、必要な情報を都道府県に対して報告する義務を負います。そして、この事業所の報告に基づき、事業所の基本情報として、その介護事業所で提供されている介護サービスの一覧、介護サービスの利用料、完備している設備、関係医療機関に関する情報、などが掲載されます。

・事業所の特徴・運営状況に関する情報

介護サービス情報公表システムの掲載情報

事業所の概要
- 介護サービス事業所の名称・住所・電話番号・営業時間など

事業所に関する基本情報
- 介護サービスの一覧、介護サービスの利用料、完備している設備、関係医療機関に関する情報など

事業所の特徴・運営状況に関する情報
- 事業所のサービス提供の様子や、その事業所独自の取り組みについて写真や動画
- 事業所の運営状況（バランスシートの掲載）

介護サービス利用希望者が、事業所を選ぶ際に、文字による情報のみで決定すると、後にイメージと実際のサービス形態との間に食い違いがあったなどのトラブルが発生するおそれがあります。そこで、少しでもこのようなトラブルを避けるため、事業所のサービス提供の様子や、その事業所独自の取り組みについて写真や動画を閲覧することもできます。また、「利用者の権利擁護」「サービスの質の確保への取組」「相談・苦情等への対応」「安全・衛生管理等」「従業員の研修等」といった項目について、0～5点でポイント化され、バランスシートにより運営状況が示されています。これにより、各事業所の運営状況の比較も容易です。

以上の情報は、いずれも利用者にとって重要な情報ですので、情報の内容に誤りや意図的に虚偽の報告に基づいて、情報を掲載するようなことは許されません。そこで、新たに指定を受けたり指定の更新を受けた介護サービス事業所や、報告を受けた内容に虚偽の疑いがある場合には、都道府県は、介護サービス事業所に対して訪問調査を実施することができます。そして、訪問調査の結果を、介護サービス情報に反映することが認められています。

介護サービスについて苦情がある場合の不服申立て

サービス内容に対する不服と介護認定に対する不服に
分けられる

■ サービスに苦情があるときどうすればいいか

　介護サービスに関する苦情については、大きく分けて、介護
サービスの内容に関する不服と、市町村が関与する介護認定結
果に対する不服に分類できます。ここではまず、介護サービス
の内容に関する不服について見ていきましょう。

　利用者が、実際に介護サービスを利用した後に、事業者の対
応やサービスの内容に関して、苦情がある場合には、まず、介
護サービスを提供した事業者に対して、苦情を申し出ることに
なります。事業者の側は、あらかじめ利用者に対して、苦情を
申し立てることができること、苦情を申し立てる窓口について
示しておかなければならず、利用者は苦情について、示された
窓口に対して申し立てることになります。事業者側は、利用者
からの苦情に対して、迅速・適切に対応しなければならないこ
とはもちろんですが、申し立てられた苦情や対応に関して、記
録に残しておくことが必要です。なぜならば、最終的に問題が
事業者内部では解決できず、後述の国保連や運営適正化委員会
における手続きなどに発展した場合に、苦情の内容や事業者が
苦情に対していかなる対応をとったのかを事後的に検証するこ
とを可能にするためです。

■ 国保連や運営適正化委員会はどんなことをするのか

　事業者側が設ける苦情窓口は、あくまでも事業者内部の機関
にすぎないため、苦情対応は、十分な公平性・客観性を期待す
ることは困難です。また、利用者が直接、事業者に申し立てに

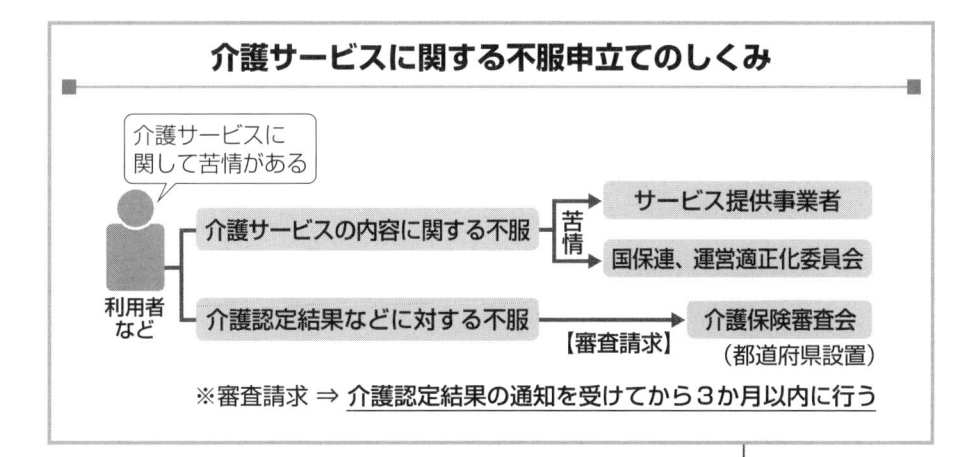

介護サービスに関する不服申立てのしくみ

介護サービスに関して苦情がある

利用者など

介護サービスの内容に関する不服 → 苦情 → サービス提供事業者 / 国保連、運営適正化委員会

介護認定結果などに対する不服 【審査請求】 → 介護保険審査会（都道府県設置）

※審査請求 ⇒ 介護認定結果の通知を受けてから3か月以内に行う

くい場合もあります。

そこで、都道府県が設置する国民健康保険団体連合会（国保連と略称されます）や都道府県の社会福祉協議会が設置する運営適正化委員会に対して、苦情を申し立てることが可能です。苦情を受け付けたこれらの団体は、事業者の施設の調査などを行い、必要に応じて事業者に対して指導を行います。そして、その結果を利用者に通知します。指導などを受けた事業者には、改善点について、指導などに従う義務を負います。

■ 市町村の決定に不服がある場合

介護サービスの内容ではなく、市町村が行った介護認定結果に不服がある場合には、行政不服審査法が規定する審査請求を行うことができます。なぜならば、事業者による介護サービスの提供とは異なり、介護認定は、市町村（行政）が個別の利用者（私人）に対して行う、権利・利益の変動を伴う行政処分に該当するためです。

具体的には、介護認定結果の通知を受けてから3か月以内に、都道府県が設置する介護保険審査会に対して、審査請求を申し立てることができます。

審査請求

行政不服審査法に基づく、不服申立て手続きをいう。原則として、処分などを行った行政庁の最上級行政庁に対して申立てを行う。

Column

介護施設で起きる事故の種類

　介護施設で起きる可能性がある事故にはさまざまなものがあり、おもなものは以下のとおりです。

　施設側は、利用者が安全・快適に生活することができるように配慮する義務（安全配慮義務）を負っています。施設側が安全配慮義務に違反したために、事故が起き利用者がケガをした場合、利用者は施設側に安全配慮義務違反を理由とする損害賠償請求をすることができます。

・転倒・転落事故

　介護施設において発生する事故の中で、最も多く発生する事故が、転倒・転落事故です。

・誤嚥事故

　誤嚥とは、食べ物が誤って気管に入ってしまうことです。

・身体拘束

　身体拘束とは、入所者である高齢者を固定し、身体の自由をきかなくするための行為です。この行為は、高齢者の人権を侵害するとされ、虐待とみなされる可能性があります。

・床ずれ

　床ずれとは、褥瘡とも呼ばれ、体の一部が体重で圧迫されることで、血液の循環が悪くなり、皮膚が発赤するなどの症状が生じてしまうことです。

・徘徊・無断外出・失踪

　介護施設の利用者は、精神的機能が低下しているため、施設側が適切な管理をしていないと、施設内外を徘徊、あるいは無断で外出をすることも珍しくありません。

・管理の不備に基づく事故

　たとえば、脱衣室の床が濡れたままになっており、利用者が足を滑らせて転倒してしまったというケースです。

PART 5

障害福祉サービスの
しくみと利用法

障害者に関する法律

障害者総合支援法を中心としたさまざまな法律がある

■ 障害者福祉の基本法と障害者総合支援法

障害者福祉に関する基本的な施策や、その施策を決定する際の原則を定めている法律として、障害者基本法があります。障害者基本法において示されている基本方針として、ノーマライゼーションが挙げられます。つまり、日常生活・社会生活を営む上で、障害の有無により区別するのではなく、すべての人々が等しく日常生活・社会生活を送ることができるような環境の整備が何よりの優先課題であると認識されています。そこで、障害者基本法は、医療・教育・雇用など、個別の施策について、障害者が障害のない人と同等の生活を送ることを保障し、そのための弊害の除去を基本理念として掲げています。

そして、障害者に対する支援でもっとも中心的な法律が障害者総合支援法です。障害者総合支援法はそれまで施行されていた障害者自立支援法の内容や問題点をふまえた上で、障害者の日常生活や社会生活を総合的に支援するために制定された法律です。障害者総合支援法の目的としては、障害者に対する福祉サービスの提供などについて、一元的に取り扱うことで、国の統一的・画一的な基準の下に、障害福祉サービスが行われることを保障し、障害福祉サービスの総合的な管理を可能にすることが挙げられます。また、障害福祉サービスが、あくまでも障害者自身が一定程度の経済的負担の下に成り立っている制度であることを考慮し、特に所得の低い障害者や、所得に比べて高額な支援が必要な障害者に対する負担軽減に関する法制度の整備も重要な目的のひとつだといえます。

**障害者自立支援法
と障害者総合支援法**

サービス利用時に、特に低所得者をはじめとする負担が増大したことを背景に、全国規模で、障害者自立支援法が違憲であると主張する訴訟が多く提起された。これを背景に、2012年に制定された法律が障害者総合支援法である（2013年4月施行）。

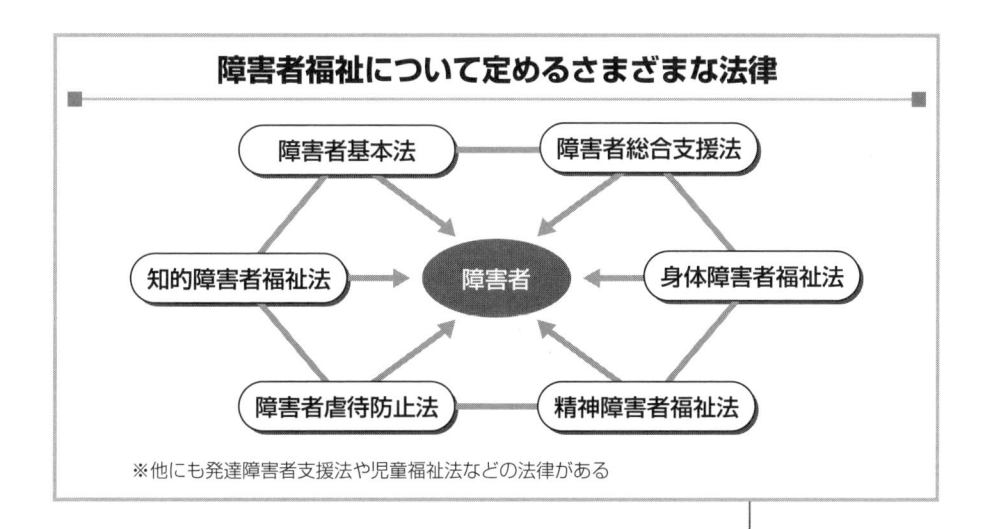

障害者福祉について定めるさまざまな法律

障害者基本法 → 障害者 ← 障害者総合支援法

知的障害者福祉法 → 障害者 ← 身体障害者福祉法

障害者虐待防止法 → 障害者 ← 精神障害者福祉法

※他にも発達障害者支援法や児童福祉法などの法律がある

■ その他にどんな法律があるのか

障害者総合支援法や障害者基本法をベースとして、それぞれの障害者に応じた法律も制定されています。たとえば、知的障害者福祉法は、知的障害をもつ障害者への支援に関して、実施機関や障害者入所施設などへの入所措置、費用などについて規定しています。また、身体障害者福祉法は、身体障害者の自立と社会経済活動への参加を促すことを目的とした法律です。児童福祉法は児童の育成に関する施設や責任、障害児に対する支援について定めています。

さらに、障害者が自立した社会生活を送るために、障害者雇用促進法により、障害者が雇用の機会を得ることができる環境を整備するとともに、障害者を雇用する事業者が負う義務についても規定を置いています。

近年比較的新しく制定された法律として、障害者虐待防止法や障害者優先調達推進法、障害者差別解消法といった法律もあります。なお、障害福祉の充実は国際的な取り組みであり、国連において障害者権利条約が採択されたことも、我が国の障害者福祉を推進する重大な背景になっています。

障害者基本法と障害者基本計画

障害者施策の基本事項を定めている

■ 障害者基本法とは

障害者基本法では、障害者の自立や社会参加の支援などの施策の基本となる事項を定めています。この法律で定められた基本理念をベースにして、さまざまな法律が規定されています。たとえば、それぞれの障害の内容に応じて、障害者の定義を定めている身体障害者福祉法や知的障害者福祉法、精神障害者福祉法などが挙げられます。さらに、障害者に対して、支援する福祉サービスを具体的に定めた障害者総合支援法があります。

■ どんな規定があるのか

障害者基本法は、ⓐ障害の有無にかかわらず等しく個人として尊重されること、ⓑ障害の有無によって差別されることなく共生する社会を実現すること、を基本理念にしています。

国や地方公共団体は、障害者の自立や社会参加の支援などのための施策を総合的かつ計画的に実施する責務があります。また、国民は、障害者基本法がめざす基本原則を理解することに努めなければなりません。

基本施策ごとに障害者の自立や社会参加の支援のために必要な基本事項も規定しています。基本施策には、医療、介護、年金、教育、療育、職業相談、雇用の促進、住宅の確保などがあります。障害者が生活する上で、最も基本となる部分であり、障害の有無によらず等しく必要な施策を受けることができるようにしています。また、手話や点字などのコミュニケーションの手段を確保し、適切に情報を取得・利用できるよう配慮すべ

障害者基本計画

　支　援　

障害者支援　→　障害者

限られた資源の中で、効率性・平等性の実現が重要！

∴　障害者基本計画が作成

【基本方針】
① 社会的障壁の除去
② 障害者権利条約の理念の尊重
③ 障害者差別の解消に向けた取り組みの着実な推進
④ 着実かつ効果的な実施のための成果目標を充実

きであると規定しています。

　障害者基本法における障害者の定義は、身体障害者、知的障害者、精神障害者（発達障害者を含む）だけではありません。その他の心身の機能の障害があり、障害や社会的障壁により継続的に日常生活、社会生活に制限を受ける者も含まれます。

■ 障害者基本計画とは

　障害者基本計画は、国が定める障害者施策の最も基本的な計画です。障害者支援においては、個々の障害者の状態に応じた支援を行う必要があります。しかし、限られた資源の中でそれぞれの障害者に対して個別支援を提供するとかえってめざすべき方向とズレたり、非効率、不平等が生じる可能性があります。そういったことを避け、障害者の施策を総合的かつ計画的に実施するために障害者基本計画を作成します。

　基本的な方向として、①社会的障壁を除去すること、②障害者権利条約の理念を尊重すること、③障害者差別の解消に向けた取り組みを着実に推進すること、④着実かつ効果的な実施のための成果目標を充実すること、が定められています。

障害者の対象

障害福祉サービスの対象者

■ 障害福祉サービスを受けることができる障害者の対象

障害福祉サービスの給付の対象者は、以下のいずれかに該当する人です。給付を希望する人は市町村に申請し、障害の程度や支給の要否について審査を受けます。障害者総合支援法の制定により、障害者の範囲に一定の難病患者が加わっています。

① 障害者

障害者とは、18歳以上の以下に該当する者のことです。

・**身体障害者**

身体障害者福祉法に規定されている肢体不自由、視覚障害、聴覚障害、などの障害をもつ者のことです。

・**知的障害者**

知的障害者とは、知能の発達の遅れによって日常生活や社会生活に支障がある者のことです。知的障害者福祉法に定義規定はなく、各都道府県の知的障害者更生相談所が判定します。

・**精神障害者、発達障害者**

精神障害者とは、統合失調症、精神作用物質による急性中毒などの精神疾患を有する者のことです。発達障害者とは、自閉症、アスペルガー症候群、学習障害などにより、日常生活上、制限を受ける者のことです。

② 障害児

児童とは、満18歳に満たない者のことです。身体に障害のある児童、知的障害のある児童、精神に障害のある児童（発達障害者支援法所定の発達障害児を含む）が、障害児の対象に含まれます。

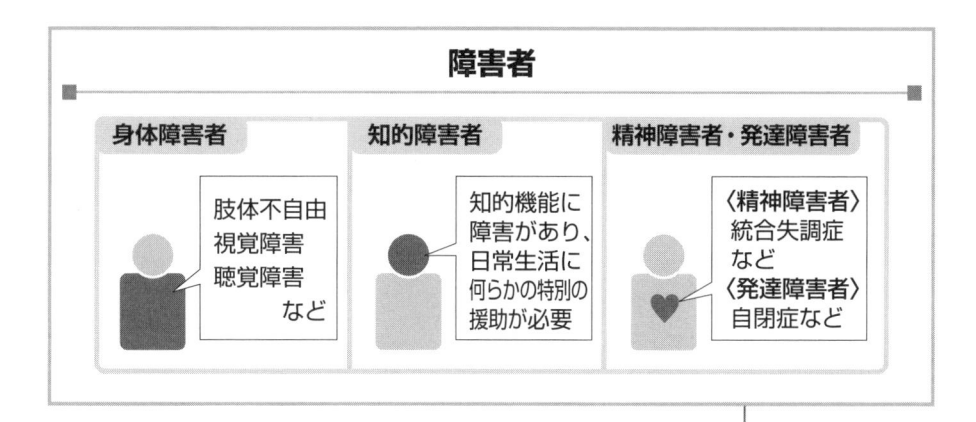

障害者

身体障害者
肢体不自由
視覚障害
聴覚障害
など

知的障害者
知的機能に
障害があり、
日常生活に
何らかの特別の
援助が必要

精神障害者・発達障害者
〈精神障害者〉
統合失調症
など
〈発達障害者〉
自閉症など

■ 難病患者も障害者に含まれるのか

　障害者総合支援法では、一定の難病患者も障害者や障害児の対象者として扱われます。難病患者とは、治療方法が確立していない疾病や特殊な疾病にかかっている者です。

　難病患者として認められる具体的な疾患として、パーキンソン病、スティーヴンス・ジョンソン症候群、関節リウマチ、筋ジストロフィー、骨形成不全症などが挙げられます。

　難病等による障害の程度が、「特殊の疾病による障害により継続的に日常生活又は社会生活に相当な制限を受ける程度」と認められる場合に、障害者総合支援法の障害者として扱われることになります。難病患者に該当するかどうかの判断は、個々の市町村で行われます。難病患者等に対する障害支援区分の調査や認定は、障害者に対して実施している現行の調査項目や基準等で行いますが、難病患者であることをふまえて認定調査が行われます。具体的には、居住する市町村の担当窓口で、対象疾患を患っていることがわかる証明書（診断書や特定疾患医療受給者証など）を提出して支給申請します。

　対象疾患の患者は、身体障害者手帳の所持の有無にかかわらず、必要と認められた障害福祉サービスの受給や相談支援の利用が可能です。

> **難病**
> 2019年7月現在、361の疾病が難病として指定を受けている。

障害者総合支援法に基づく支援

自立支援給付と地域生活支援事業が支援の柱

■ 自立支援給付の内容

障害者総合支援法が定める障害者への福祉サービスは、自立支援給付と、地域生活支援事業に大きく分けられます。

自立支援給付とは、在宅で利用するサービス、通所で利用するサービス、入所施設サービスなど、利用者へ個別給付されるサービスのことです。自立支援給付には、介護給付費、訓練等給付費、特定障害者特別給付費（補足給付）、計画相談支援給付費、補装具費、高額障害福祉サービス等給付費、地域相談支援給付費、療養介護医療費、自立支援医療費、があります。

障害福祉サービスにおいて中心的な役割を果たしているのが介護給付費と訓練等給付費です。介護給付費や訓練等給付費は、サービスの給付を希望する人が市町村に申請します。申請を受けた市町村は、障害支援区分の認定と支給要否の決定を行います。支給することが妥当であると市町村から認定されると、サービスを受ける本人が、都道府県の指定した事業者の中から選んだ事業者と契約を結んで、サービスを受けることができます。

■ 介護給付費の内容

介護給付費は自立支援給付のひとつで障害福祉サービスを受けるために必要な費用を支給する制度です。

介護給付は日常生活に必要な介護の支援を提供するサービスで、障害の程度によってその対象者が決定されます。居宅介護、重度訪問介護、同行援護、行動援護、療養介護、生活介護、短期入所、施設入所支援、重度障害者等包括支援を利用した場合

障害者への福祉サービスの分類

障害者総合支援法の前身である、障害者自立支援法より以前は、障害者福祉の分類は、居宅サービスと施設サービスとに分類されていた。しかし現在では、サービスの場所による分類ではなく、サービスの内容に応じた分類が用いられている。

介護給付と訓練等給付に含まれるサービス

介 護 給 付

・居宅介護　　・生活介護
・重度訪問介護　・短期入所
・同行援護　　・重度障害者等
・行動援護　　　包括支援
・療養介護　　・施設入所支援

訓 練 等 給 付

・自立訓練（機能訓練・生活訓練）
・就労移行支援
・就労継続支援（A型、B型）
・就労定着支援　・自立生活援助
・共同生活援助

に介護給付費が支払われます。申請した者の支給が決定されていない期間に前述のサービスを受けた場合は、障害者総合支援法に基づき特例介護給付費が支給されることになっています。

各サービスの具体的な内容

居宅介護や重度訪問介護など、各サービスの具体的な内容については本書176〜203ページを参照。

■ 訓練等給付費の内容

　訓練等給付費は、介護給付と同様に障害福祉サービスを受けるために必要な費用を支給する制度です。訓練等給付とは、日常生活や社会生活を営むために必要な訓練等の支援を提供するサービスで、定められたサービス内容に適合していれば支給対象になります。自立訓練（機能訓練・生活訓練）、就労移行支援、就労継続支援（A型、B型）、就労定着支援、自立生活援助、共同生活援助を受けた場合に訓練等給付費が支給されます。申請後、支給決定の前にサービスを受けた場合には特例訓練等給付費が支給されます。

■ 地域生活支援事業の内容

　地域生活支援事業とは、障害者をとりまく地域の地理的な条件や社会資源の状況や地域に居住する障害者の人数や障害程度などに応じて、必要な支援を柔軟に行う事業です。地域生活支

援事業の実施主体は基本的に市町村ですが広域的なサポートや人材育成など、一部は都道府県が主体となります。

■ 障害福祉サービスを提供するのは市町村なのか

現在の制度では、原則として障害者にとって身近な市町村にサービスの提供主体が一元化されています。ただし、都道府県が主体となってサービスを提供しているものもあります。

障害福祉サービスのうち、介護給付費の給付、自立支援医療費の給付、市町村地域生活支援事業の策定、市町村障害福祉計画の策定などは市町村の役割です。

一方で、精神通院医療に関するサービスや、障害福祉サービス事業者の指定、障害者介護給付費不服審査会の設置などは都道府県の役割です。これに加えて、都道府県は、障害福祉サービスを提供する事業者に対しての指導・監督を行う権限を有します。そのため、事業者が虚偽の事実を報告するなど不正な手段によって事業者の指定を受けた場合や、事業者が障害福祉サービスに関して不正を行っていたことが発覚した場合には、都道府県は指定の効力を取り消すという措置をとることができます。

■ 障害者が安心して暮らせるための計画が立てられる

障害福祉計画とは、障害者が地域で安心して暮らし、当たり前に働ける社会を実現していくために、障害者総合支援法に基づいて、障害福祉サービス等の提供体制の確保のために国が定める基本指針に即して、市町村・都道府県が作成する計画です。

2018年度を初年度とする第5期計画では、国の基本指針の見直しが行われるとともに、「障害者総合支援法」の施行をふまえ、①福祉施設入所者の地域生活への移行、②精神障害にも対応した地域包括ケアシステムの構築、③地域生活支援拠点等の整備、④福祉施設から一般就労への移行、⑤障害児支援の提供体制の整備を成果目標として活動指標が定められています。

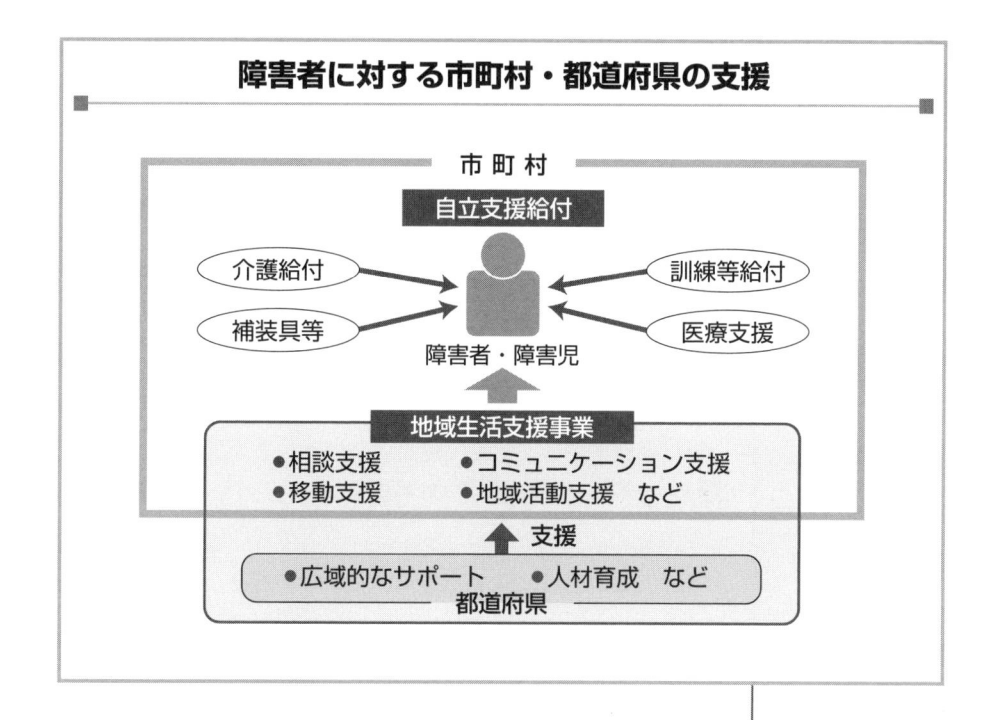

障害者に対する市町村・都道府県の支援

市 町 村

自立支援給付

介護給付 → 障害者・障害児 ← 訓練等給付

補装具等 → ← 医療支援

地域生活支援事業
- 相談支援　　- コミュニケーション支援
- 移動支援　　- 地域活動支援　など

支援

- 広域的なサポート　　- 人材育成　など
都道府県

　市町村の定める障害福祉計画（市町村障害福祉計画）には、①障害福祉サービス、相談支援及び地域生活支援事業の提供体制の確保に係る目標に関する事項、②各年度における指定障害福祉サービス、指定地域相談支援又は指定計画相談支援の種類ごとの必要な量（サービスの件数）の見込み、③地域生活支援事業の種類ごとの実施に関する事項などが定められています。

　都道府県の障害福祉計画には、①障害福祉サービス、相談支援及び地域生活支援事業の提供体制の確保に係る目標に関する事項、②都道府県が定める区域ごとに当該区域における各年度の指定障害福祉サービス、指定地域相談支援または指定計画相談支援の種類ごとの必要な量（サービスの件数）の見込み、③各年度の指定障害者支援施設の必要入所定員総数、④地域生活支援事業の種類ごとの実施に関する事項などが定められます。

障害福祉サービスの利用手続きと障害支援区分

2段階の認定調査を経て障害支援区分が決定する

■ 市町村への申請について

　障害福祉サービスを利用したい場合は、居住地の市町村に申請します。もっとも注意しなければならないのは、市町村ごとに対応窓口の名称が一定ではないということです。一般に、生活福祉課や障害福祉課などの名称が付けられていることが多いようです。

　なお、市町村は、障害福祉サービスの一環として、相談支援事業を行っていますので、相談支援の中で、障害者は、自身に適切なサービスの内容や、必要な手続きに関するアドバイスを受けることができます。その際には、市町村から委託を受けた相談支援事業者からのアドバイスなどを受けることになります。相談支援事業者は、障害者に代わって申請に関する手続きを代行することも可能です。

　相談支援事業者は、指定一般相談支援事業者と指定特定相談支援事業者に分類することができます。ともに、市町村から指定を受ける必要がありますが、指定一般相談支援事業者は、広く障害者が社会生活を営む上で抱えた問題について、相談を受け付けます。これに対して、指定特定相談支援事業者は、障害福祉サービス利用手続きの相談の他に、サービス等利用計画案の作成まで行ってもらえます。

　サービス等利用計画案とは、後述する障害支援区分とともに、障害福祉サービス利用申請の際に、障害者が提出を求められる書類です。サービス等利用計画案には、障害者が、自身の障害の状況に応じて、提供を希望する障害福祉サービス内容の詳細

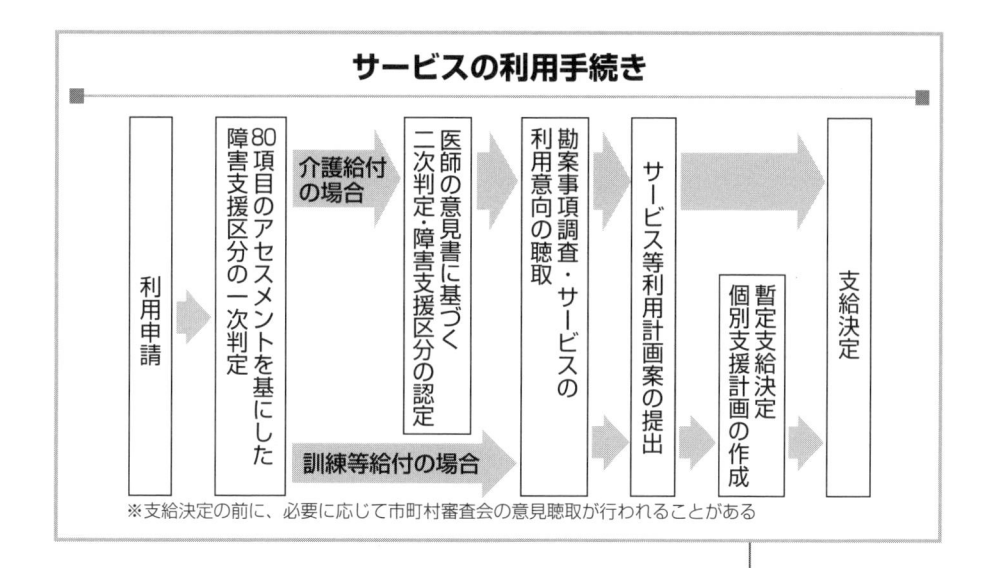

サービスの利用手続き

利用申請 → 80項目のアセスメントを基にした障害支援区分の一次判定 → 介護給付の場合：医師の意見書に基づく二次判定・障害支援区分の認定／訓練等給付の場合 → 勘案事項調査・サービスの利用意向の聴取 → サービス等利用計画案の提出 → 暫定支給決定・個別支援計画の作成 → 支給決定

※支給決定の前に、必要に応じて市町村審査会の意見聴取が行われることがある

について、記載します。そのため、セルフプランとも呼ばれています。サービス等利用計画案は、障害者自身が作成することも可能です。しかし、障害者自身が、自分の障害の状態に合わせて、適切な障害福祉サービスの内容を選別することは容易ではなく、指定特定相談支援事業者とともに、サービス等利用計画案を作成するのが一般的です。

　実際に障害福祉サービスの支給決定が行われた後には、障害福祉サービスの提供を担当するサービス事業者を交えて、サービス担当者会議が開催されます。そして、サービス等利用計画案の内容に基づき、より実践的に提供するサービス内容に関する協議が行われ、最終的に、サービス等利用計画書としてまとめられます。

■ 障害支援区分はどんなことに活用されているのか

　障害福祉サービスの申請を受けた市町村は、障害者の心身の状態を把握し、サービスが必要かどうかの認定調査を行います。その際に、最も重要な指標になるのが、障害支援区分です。

障害支援区分とは、身体障害者や知的障害者、精神障害者、難病患者等の障害の多様な特性、その他の心身の状態に応じて、必要とされる標準的な支援の度合いを総合的に示す区分です。

　障害支援区分は、認定調査や医師意見書の内容をもとに、コンピュータによる一次判定、審査会による二次判定を経て判定されます。

　区分は、「非該当」と「区分1～6」の7段階で構成されています。区分の数字は、大きい数字であるほど、支援を必要としている度合いが大きいことになります。したがって、非該当と判断された場合、支援の必要性が低く、多くの障害福祉サービスを受けることができません。そして区分6は、支援の必要性がもっとも高い状態を示しています。

■ 障害支援区分に関する認定調査と具体的な認定方法

　市町村は、訪問調査に基づく、障害者の状況、居住の場所、障害の程度、市町村審査会の意見などを総合考慮して、支給決定案を作成することになります。

　障害支援区分の認定調査は2段階に分かれています。認定調査員による訪問調査の結果と主治医の意見書の内容をもとにコンピュータによって判定が行われる1次認定調査（1次判定）と、認定調査員による特記事項と主治医の意見書の内容をもとに市町村審査会によって判定が行われる2次認定調査（2次判定）です。

　1次判定に先立って行われる訪問調査については、市町村の職員、あるいは、指定一般相談支援事業者の相談支援専門員が行います。これらの職員が、実際に障害者の自宅などを訪問して、障害者本人や家族に関する基本的な情報や、介護の有無・現在受けている福祉サービスの有無や、生活状況全般に関する質問などが行われます。そして、これらの事項については、概況調査票に必要事項が記入されます。

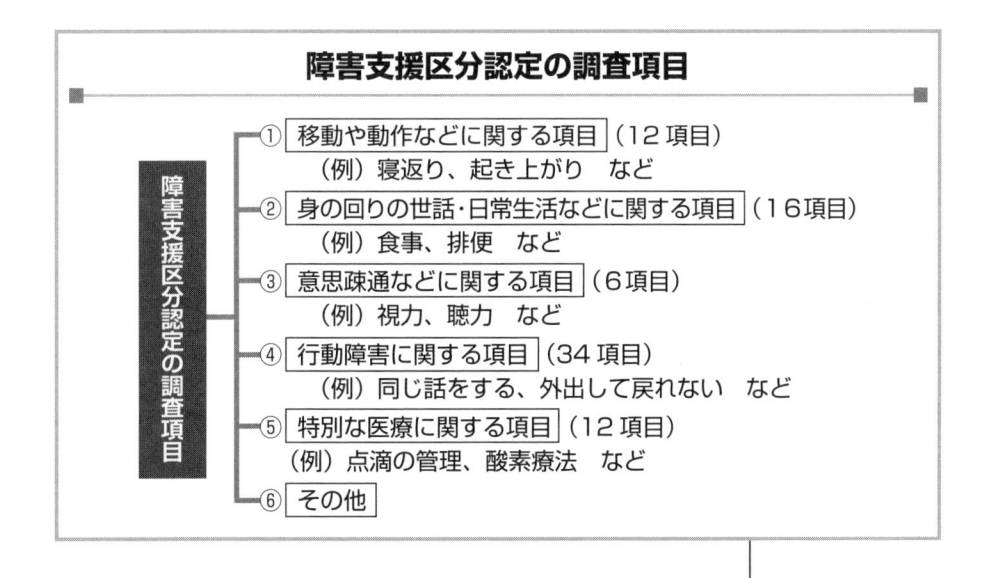

障害支援区分認定の調査項目

障害支援区分認定の調査項目

① 移動や動作などに関する項目 （12 項目）
　　（例）寝返り、起き上がり　など

② 身の回りの世話・日常生活などに関する項目 （16項目）
　　（例）食事、排便　など

③ 意思疎通などに関する項目 （6項目）
　　（例）視力、聴力　など

④ 行動障害に関する項目 （34 項目）
　　（例）同じ話をする、外出して戻れない　など

⑤ 特別な医療に関する項目 （12 項目）
　　（例）点滴の管理、酸素療法　など

⑥ その他

　この際、利用者の保護者に対して、利用者に対してどのような サービスを行うのがよいのか聴取が行われます。具体的には、 6種類のカテゴリー（全80項目）に分類された、障害者の心身 の状況や活動などについて、障害者などに質問を行い、回答を 得る形で、該当項目に関して、「できる」あるいは「できない」 などのように、認定調査票に聴取り結果を記入していきます。 職員などが、明確に判断できない場合には、特記事項として判 断が困難であることを記入しておくことで、後の判断の材料に することができます。

　そして、認定調査員による訪問調査の結果と主治医の意見書 の内容をもとに、1次判定としてコンピュータによって判定が 行われます。1次判定では、認定調査項目（80項目）の結果及 び医師意見書（24項目）の一部項目をふまえ、判定ソフトを活 用したコンピュータ処理がなされます。認定調査項目は訪問調 査における事項と同様に、移動や動作等に関する項目、日常生 活等に関する項目、行動障害に関する項目、意思疎通に関する 項目、特別な医療に関する項目、その他の項目などです。医師

意見書は、まひ、関節の拘縮、生活障害評価（食事・生活リズムなど）などが調査項目になっています。

　その後、1次認定調査（1次判定）と、認定調査員による特記事項と主治医の意見書の内容をもとに市町村審査会によって行われる判定が、2次認定調査（2次判定）です。2次認定調査（2次判定）まで通ると、ようやく障害支援区分の認定が決定し、申請者へ結果が通知されることになります。

　障害支援区分には有効期限があります。障害支援区分は、原則として3年間有効です。ただし、障害の状況や程度は、刻一刻として変化する場合もあり、3年間という有効期間では、適切に障害の程度を把握することが困難な場合も少なくありません。そこで、身体・精神障害の程度が容易に変動することが見込まれる場合、障害者の生活環境が大きく変動する場合、その他、市町村審査会が認めた場合には、3か月から3年間で、より短縮した有効期限を定めることも認められています。

　無事に支援区分認定が終わると、続いて市町村による勘案事項調査（社会活動、介護者、居住などの状況についての調査）が行われます。この際に注意しなければならないのは、障害支援区分は、あくまでも勘案事項の一要素だということです。つまり、障害支援区分の認定が行われたからといって、障害福祉サービスの利用が可能になるという保証はありません。たとえば、個別の障害者が住んでいる地域において、十分な障害福祉サービスの提供ができる環境が整っていない場合には、支給決定がなされないこともあります。この勘案事項調査に通ると、支給を受ける障害者に対し、サービスの利用意向の調査（聴取）が行われます。なお、訓練等給付のサービスについては、支給の要否を判断するために、一定期間サービスを利用することができます（暫定支給決定）。

　障害者のサービス利用意向の確認後、サービス利用計画案の提出が行われます。さらに、審査会の意見をもとに、支給の要

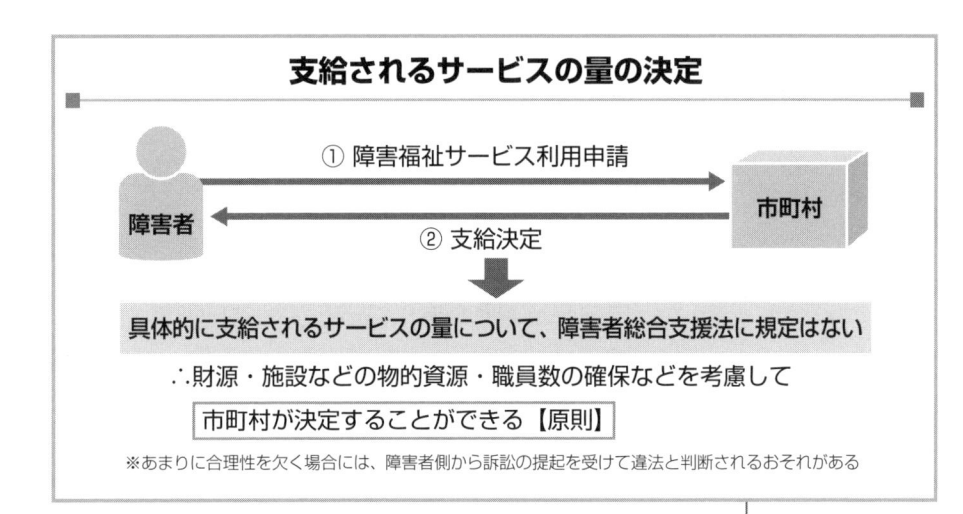

支給されるサービスの量の決定

① 障害福祉サービス利用申請

障害者 → 市町村

② 支給決定

具体的に支給されるサービスの量について、障害者総合支援法に規定はない

∴財源・施設などの物的資源・職員数の確保などを考慮して

市町村が決定することができる【原則】

※あまりに合理性を欠く場合には、障害者側から訴訟の提起を受けて違法と判断されるおそれがある

否が決定され、支給が決定した障害者には、障害福祉サービス受給者証が交付されます。

■ 実際に支給されるサービスの量はどのように決定されるのか

支給決定を受けた障害者が、どの程度の障害福祉サービスを利用することができるのかについて、障害者総合支援法は、基準を定めているわけではありません。そのため、具体的にどの程度の量のサービスを支給するのかについては、原則として市町村に幅広い裁量が認められています。

市町村に比較的広い裁量が認められている理由として、障害福祉サービスの財源が公費負担（税金）であることが挙げられます。つまり市町村は、限られた財源の中で、公平性に考慮しつつ、財源の他にも、施設などの物的資源や、職員数の確保などにも注意しながら、安定的に提供できるサービスの量を見極めなければなりません。ただし、市町村の判断があまりにも合理性を欠く場合には、障害者側から必要なサービスが提供されていないとして、訴訟を提起され、その中で、市町村の判断が違法と判断されるおそれもあります。

市町村の判断が違法と判断される場合

障害福祉サービスの支給の有無を判断するにあたり、障害者総合支援法施行規則において勘案事項が定められている。したがって、勘案事項として考慮すべき事項を考慮しなかった、あるいは考慮すべきではない事項を考慮した場合に、違法と判断されるおそれがある。

サービスの利用計画の作成

相談支援事業者に本人・家族の意向を伝えることになる

■ ケアマネジメント制度とはどんな制度なのか

　障害者ケアマネジメントとは、単に福祉サービスを提供するだけでなく、障害者が自ら望む生活を送れるようにするために、ケア計画を作成した上で福祉・保健・医療・教育・就労などのさまざまなサービスを一体的・総合的に提供することです。障害者自身が、自分に適切なサービスの内容を、的確に把握できる場合は少ないといえます。そこで、ケアマネジメントによって、個々の障害者の状況に合わせた、サービスの助言やあっせんを行うことができます。

　現在の障害福祉サービスは利用者とサービス提供者間での契約制度になっています。利用者のニーズに合わせて、さまざまなサービスから適切なものを選んで活用していくことになり、このような個々の利用者のための福祉サービスのプラン設計や、障害者やその家族への相談支援や補助を行うためケアマネジメント制度が導入されています。市町村にサービスの利用を申請した場合、このようなケア計画を作成していくことになります。

　また、サービスの利用計画の作成も相談支援事業に含まれます。障害福祉サービスの効率的な利用のために起案されたケアマネジメントを制度化したものが計画相談支援給付費（サービス等利用計画作成費）です。ケアマネジメント制度は、障害をかかえている本人の意思をより尊重する制度です。

■ サービス等利用計画を作成する際の注意点

　支給決定の判断が下されると、サービス等利用計画書を作成

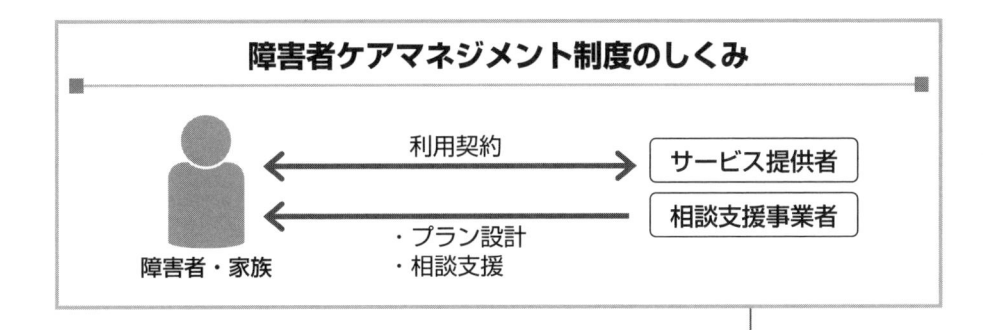

障害者ケアマネジメント制度のしくみ

障害者・家族 ← 利用契約 → サービス提供者

← ・プラン設計 ・相談支援 相談支援事業者

します。障害者に対する施設での居住支援や自立訓練といった障害福祉サービスは、事業者として指定を受けたNPO法人などにより提供されます。サービス等利用計画とは、障害福祉サービスについてどのような福祉サービスをどのような形で利用するのかをプランニングしたものです。

このサービス等利用計画に基づいて、利用者はサービス事業者と契約を結んだり、サービスの提供を受けることになります。サービス等利用計画は、個人で作成することもできますが、相談支援事業者に作成を依頼することもできます。相談支援事業者は、障害者やその家族の意向を聞き入れながら、サービス等利用計画を作成します。このサービス等利用計画を作成依頼する際に、利用者側には費用の負担はありません。サービス等利用計画については、市町村の支給決定後に作成するのではなく、支給決定の前の段階で、サービス等利用計画案の作成・勘案が行われます。

また、相談支援事業者は、サービス等利用計画以外にも、障害者へのサービス利用のあっせんや、契約の援助などを行っています。障害者のサービスの利用開始後も、障害者宅を訪れてモニタリング（156ページ）を行ったり、引き続き相談や支援を受け付けています。特に、このような障害者に継続的に支援を行う場合、相談支援事業者には計画相談支援給付費などの給付が支払われています。

サービス等利用計画作成の費用

サービス等利用計画作成にあたっては、計画相談支援給付費の対象になる。そのため、本文記載のように、サービス等利用計画作成について利用者は、費用を負担する必要はない。

モニタリング

■ サービスの利用計画の見直し

モニタリングとは、利用者の状況を定期的に確認して計画見直しなどの必要性を検討することです。障害福祉サービスを利用する際には、サービス等利用計画を作成する必要があります。個別の支援計画では、PDCAが重要と言われています。つまり、計画（P）、実行（D）、評価（C）、改善（A）のサイクルがうまく回っているほど良いとされます。モニタリングは評価（C）にあたる作業です。

■ モニタリングを行う期間

モニタリング期間は、国が定める標準期間や勘案事項をふまえて決定されます。たとえば、新規サービス利用者や変更によって、内容や量に著しい変動があった場合は利用開始から3か月間は毎月実施します。在宅サービスの利用者は、6か月に1回が基本ですが、障害支援施設から退所するなどによって、一定期間集中的に支援が必要になったり、常時介護を必要とする障害者などの場合は毎月実施する必要があります。障害者支援施設入所者や重度障害者等包括支援の利用者は、1年に1回実施が基本となります。

特定相談支援事業者などが上記をふまえてモニタリング期間を設定し、サービス利用計画案に記載します。サービス利用計画案は市町村に提出され、市町村では、支給決定などと併せて、モニタリング期間の決定を行います。

モニタリングの実施

指定特定相談支援事業者を通さず、自らサービス等利用計画を作成している場合は、モニタリングは実施されない。

モニタリングで考慮するべき事項

モニタリングに おける考慮事項	障害者などの心身の状況	
	障害者などの 置かれている 状況	家族の状況
		障害者の介護を行う人の状況
		生活の状況（日中の活動の状況など）
	サービスによる援助の全体目標	
	提供される障害福祉サービスの種類・内容・量	
	提供される障害福祉サービスの個別目標・達成時期	
	支給決定の有効期間	

■ 行う際の注意点

　モニタリングを行う際にはいくつか注意する点があります。以下、紹介していきます。

① 利用者や家族の視点が中心に置かれた計画を立てているかどうか

　サービスや支援を受ける上で、利用する障害者や家族が主体的に参加することが必要不可欠です。利用する障害者や家族のニーズをふまえて、満足のいく計画を立てることが必要です。

② 権利擁護の視点で作成しているかどうか

　権利擁護とは難しい言葉ですが、寝たきりや意思疎通が困難な障害者の権利やニーズを代弁することを意味します。実際には、利用者に最も近い障害福祉サービス事業所の責任者からの情報を得ることが多いようです。また、サービス提供の現場に出向き、利用者の表情などを自分の目で確かめることも必要です。

③ ニーズの変化を見逃していないかどうか

　①の利用者や家族視点の計画作成に共通する部分ですが、前回の訪問から今回の訪問までの変化の有無、本人の障害の状態や健康に変化はないか、本人・家族などの介護者に変化はないか、介護環境などに変化はないかを確認する必要があります。

サービスを利用するときの費用

家計の負担能力に応じて負担額を決定する

■ サービス利用のための負担のしくみ

　障害福祉サービスを利用する場合、利用者は一定の利用料を負担します。この負担額については、利用者や世帯の所得を考慮して料金を決定するという考え方（応能負担の原則）に基づいて決定します。利用料の決定方法には、他に、サービスを利用する程度の多さに応じて、多くの負担を求めるという考え方（応益負担）もあります。応益負担は、サービスの対価としての性格が強く、利用者が不要なサービスを受給することを抑止する役割があります。ただし、本当に必要なサービスが、障害者が低所得である場合には、行き渡らなくなるおそれがあるため、応能負担が採用されています。

　具体的には、市町村は、障害福祉サービスの種類ごとに指定障害福祉サービスなどに通常要する費用につき、厚生労働大臣が定める基準により算定した費用の額から、家計の負担能力その他の事情を考慮して政令で定められた額を控除した額について、介護給付費または訓練等給付費を支給します。

　家計の負担能力が高い人は高額の負担であっても、全額を自己負担しなければならないというわけではなく、利用者の負担額は最大でも利用料の1割となっています。

　サービスの利用料の負担が重くなり過ぎないようにするために、障害者が負担する障害福祉サービスの利用費は、世帯に応じて上限額が設定されています。なお、ここでいう世帯とは、障害者の年齢によってその範囲が異なります。具体的には、18歳以上の障害者の場合は障害者とその配偶者、障害児の場合は

**障害福祉サービス
における応益負担**

かつての応益負担では、利用した障害福祉サービスの1割の金額を負担する必要があり、低所得者に対する配慮もなかったため、障害者自立支援法が違憲であると提訴された訴訟の和解において、応益負担の廃止が合意された。

応能負担の原則

応能負担の原則 利用者や世帯の所得を考慮して負担額を決定する

家計の負担能力などを基に設定されている自己負担額（下図）が上限となる。
ただし、その自己負担額よりもサービス費用の1割相当額の方が低い場合、1割相当額を負担することになる

利用者負担の上限額

世帯の状況	負担上限額
生活保護受給世帯	0円
市町村民税非課税世帯 （※1 世帯収入が概ね300万円以下）（低所得）	0円
市町村民税課税世帯のうち、世帯収入が 【障害者】概ね600万円以下の世帯（一般1） 【障害児】概ね890万円以下の世帯（一般1）	9300円 ※2 （障害児については 入所施設利用の場合）※3
上記以外（一般2）	3万7200円

※1 3人世帯で障害者基礎年金1級受給の場合
※2 障害者のうち、入所施設利用者（20歳以上）、グループホーム、ケアホームの利用者については3万7200円
※3 通所施設、ホームヘルプを利用する障害児については4600円

保護者の属する住民基本台帳の世帯で所得が判断されることになります。

　世帯の区分は、①生活保護を受給している世帯、②低所得世帯（市町村民税非課税世帯）、③一般1（市町村民税課税世帯のうち、世帯収入が概ね600万円以下の世帯）、④一般2（①〜③以外の者）、の4種類です。

　上図のように、生活保護世帯と低所得世帯については、自己負担はありません。一般の世帯についても自己負担の上限は月額3万7200円とされています。

医療型個別減免

医療費や食事など一部の費用が免除される制度のこと

■ 医療型個別減免とはどんな制度なのか

障害福祉サービスの利用者負担を軽減するための措置には次ページ図のように、さまざまなものがあります。

所得別の上限額の制限に加えて、食費などの減免措置、高額障害福祉サービス費（166ページ）、家賃助成など、利用するサービスに応じた負担軽減措置があります。

医療型入所施設や療養介護を利用する場合、医療型の個別減免措置を受けることができます。医療型の個別減免措置とは、医療費や食費などの一部の費用の負担が軽減される制度のことです。これによって、障害者が、障害福祉サービスにかかる費用を支払った後でも、一定の金額が障害者の手元に残るように配慮されています。

■ 障害者についての医療型個別減免

医療型個別減免措置が適用される対象者は、市町村民税非課税（低所得）者で、療養介護などの療養を行うサービスを利用している人や施設に入所している人です。定率負担、医療費、食事療養費を合算した利用者負担の上限額が、収入や必要な生活費などを考慮して設定され、それを超える部分は免除されます。

また、20歳以上の入所者の場合、少なくとも2万5000円が手元に残るように、利用者負担額が減免されます。

市町村民税非課税世帯にある者が、医療型個別減免措置の対象となるためには、申請の際に本人の収入額を示す書類（年金証書・源泉徴収票・市町村の課税証明書など）、必要経費の額

**利用者負担額の
減免に関して**

障害基礎年金1級の者、60歳から64歳の者、65歳以上で療養介護の利用者については、手元に残る金額が2万8000円になるように、3000円が加算して計算される。

利用者負担に関する配慮措置

	入所施設利用者 （20歳以上）	グループホーム 利用者	通所施設 利用者	ホームヘルプ 利用者	入所施設利用者 （20歳未満）	医療型施設利用者 （入所）
	① 利用者負担の月額負担上限額設定（所得別段階）					
	③ 高額障害福祉サービス費（世帯での所得段階別負担上限）					② 医療型 個別減免 （医療、食事療養費と合わせ上限額を設定）
	⑧ 生活保護への移行防止（負担上限額を下げる）					
食費・光熱水費等	④ 補足給付 （食費・光熱水費負担を軽減） ⑦ 補足給付 （家賃負担を軽減）		⑥ 食費の 人件費支給による軽減措置		⑤ 補足給付 （食費・光熱水費負担を軽減）	

がわかる書類（たとえば、国民健康保険の保険料等を納付した証明書）、その他それぞれの市町村が要求している書類の提出が必要です。

■ 障害児についての医療型個別減免

　医療型の個別減免措置は20歳未満の障害児に対しても適用されます。その地域で子を養育する世帯の負担額を考慮して負担額の上限額を設定します。

　利用者が20歳以上の場合、「市町村民税非課税世帯」という所得要件がありますが、障害児の場合には所得要件はありません。

食費・光熱費など軽減措置

年齢や所得に応じた軽減措置がある

■ 食費や光熱費は利用者の全額実費負担なのか

利用するサービスは障害の程度や状況によって変わってきますが、基本的に食費や光熱費は実費負担です。通所施設を利用する場合には、食費については実費を自己負担します。入所施設を利用する場合、食費だけでなく個室利用料や医療費も自己負担することになります。

サービスの利用料は最大1割（158ページ）とされていますので、利用者は最大1割の利用料と食費・光熱費（実費負担）を支払うことになります。

もっとも、食費・光熱費を実費で負担しなければならないとすると、それぞれの世帯の事情によっては、経済的負担が過大なものになってしまう可能性があります。そのため、年齢などに応じて最低限のお金が手元に残るように、食費や光熱費の一部について特定障害者特別給付費が支給されます。特定障害者特別給付費は補足給付と呼ばれることもあります。

また、基準該当施設や共同生活をしている障害者に対しては、食費と光熱費の一部について特例特定障害者特別給付費が支給されます。特例特定障害者特別給付費も、障害福祉サービスを受ける者の経済的負担が過大にならないことを目的として支給されている給付です。

■ 食費や光熱費はどの程度まで軽減されるのか

20歳以上の施設入所者への補足給付は、低所得の人を対象に、食費や住居費以外の「その他の生活費」が一定額残るように、

補足給付の対象

補足給付の対象に含まれるのは、市町村民税非課税世帯である。

基準該当施設

人員基準、設備基準、運営基準の一部を満たして市町村から基準該当施設として指定を受けている施設のこと。

補足給付とはどんな給付なのか

概 要	入所施設の食費・光熱水費（実費負担分）等に対する負担を軽減する措置
	【20 歳以上の場合】 福祉サービスと食費等の実費を負担しても少なくとも手元に25,000円が残るように、給付が行われる
対象者	【20 歳以上の場合】 生活保護受給者　区市町村民税非課税の者 【20 歳未満の場合】 すべての所得区分の者（18～19歳は監護する者の属する世帯の所得区分を認定して決定する）

食費や住居費に負担限度額を設定します。その他の生活費の額は2万5000円（障害基礎年金1級受給者の場合は2万8000円）と決められています。食費・光熱水費の負担限度額は、必要経費等控除後の収入からその他生活費を差し引いて算出します。

　ただし、就労により得た収入については、2万4000円までは収入として認定しません。つまり就労収入が2万4000円までは食費等の負担は生じないことになります。また、2万4000円を超えた場合でも、超える額については、超える額の30％は収入として認定しません。

　通所施設利用者についても、食費などの負担を軽減するための措置が実施されています。低所得、一般1（所得割16万円未満、グループホーム利用者を含む）の世帯の場合、食材料費のみの負担となり、実際にかかる額のおおよそ3分の1の負担となります（月22日利用の場合、約5100円程度と想定されています）。

　なお、食材料費については、施設ごとに額が設定されます。そのため、施設は事前に、実費負担として利用者から徴収する額（補足給付額と分けて記載する必要があります）を契約書に

所得割16万円未満
収入が概ね600万円以下の世帯。

明示しなければなりません。あわせて施設は、その額を都道府県に届け出なければならず、これによって、都道府県は、利用者の負担額を確認することができるというしくみがとられています。

■ 障害をもつ子どもの施設利用についての食費などの負担

食費や光熱水費などの費用については、その負担を軽減するために、補足給付を受給することができます。

補足給付は、施設入所者が20歳未満の場合にも、負担軽減措置を受けることが可能です。ただし、補足給付費の算出方法は、施設入所者が20歳以上の場合とは異なります。20歳未満の場合、すべての所得区分に属する人が対象になります。ただし、18歳・19歳の障害者については、監護者の属する世帯の所得区分を認定して決定されることになります。具体的には、①医療型入所施設に入所する障害児については、地域で子どもを養育する世帯と同程度の負担となるように負担限度額が設定されており、限度額を上回った額について、減免が行われます。

また、②障害児が福祉型入所施設を利用する場合については、補足給付の支給額の目安は、地域で子どもを養育する費用（低所得世帯、一般1については5万円、一般2については7万9000円）と同様の負担となるように設定されています。

その他、③通所施設を利用する場合にも、食費の減免のための負担軽減措置が行われています。上限額は次ページ図のように設定されています。

■ その他の軽減措置

医療費や食費の減免措置の他にも、グループホーム利用者へ家賃を助成する制度や、生活保護への移行を防止する措置などがあります。

・グループホーム利用者への家賃助成

グループホーム（200ページ）の利用者が負担する家賃を対象

通所施設を利用する障害児の食費負担軽減措置

所得の状況	上限額
低所得	2,860円
一般1	5,060円
一般2	11,660円 ※軽減なし

グループホーム利用者への家賃助成の額

家賃が1万円未満	実費を支給
家賃が1万円以上	1万円（上限）を支給

として、利用者1人あたり月額1万円を上限に補足給付が行われます。家賃が1万円未満である場合は、実費として支払った額が支給されることになります。家賃助成の対象者は、生活保護世帯、市町村民税非課税（低所得）世帯に該当する利用者です。

家賃助成の申請をする際には、過去1年間の収入額を証明する書類、グループホームの家賃額を証明する書類、住民税の課税（非課税）証明書などを提出する必要があります。過去1年間の収入額が、各自治体が定める基準を上回っている場合には家賃助成を受けることができません。なお、対象となるグループホームには、重度障害者等包括支援の一環として提供されているものも含まれます。

・生活保護への移行防止

上記の負担軽減策が講じられても、実費負担のために生活保護の対象となる場合には、実費負担を生活保護の対象にならない額まで引き下げます。

高額障害福祉サービス費

負担した金額が上限を超えた場合には償還払いが受けられる

■ 家族に複数の障害者がいる場合の特別な軽減措置

　障害福祉サービスを利用する人が同一世帯に複数いる場合には、個人個人ではなく、世帯全体で合算された金額が利用者負担の上限（159ページ図参照）と比較されます。同じ世帯で、障害福祉サービスを受ける者が複数いる場合などには、世帯として支払う費用の額が大きくなります。そのような世帯の負担を軽減するために、高額障害福祉サービス費が支給されます。

　また、利用者が障害福祉サービスと介護保険法に基づくサービスを両方受けた場合で、かかった費用の合計額が一定の限度額を超えるときには、その超えた分についても高額障害福祉サービス費が支給されます。利用者が障害児の場合で、障害福祉サービスと児童福祉サービスを両方受けたというケースでも、同様に、限度額を超える分については高額障害福祉サービス等給付費が支給されます。

■ 高額障害福祉サービス費の具体的な計算方法

　同じ世帯に障害者・障害児が複数いる場合などで、利用している障害福祉サービス等の利用者負担額が高額になる場合、1か月の負担額の合算が基準額を超えていれば、その超えた部分について払戻しを受けることができるのが高額障害福祉サービス等給付費の制度です。

　申請できるのは、利用者負担額を世帯で合算し、そこから基準額を差し引いた額です。基準額は世帯の収入状況や利用しているサービスのパターンによって異なりますが、一般の課税世

高額障害福祉サービス費のしくみ

| （上限の額） | （償還払いされる額） |

障害福祉サービス等の利用者負担額の世帯合計※ － 高額障害福祉サービス費算定基準額 ＝ 高額障害福祉サービス費の支給対象額

※合算の対象
・障害福祉サービス　・補装具
・介護サービス　　　・障害児支援サービス

帯で、障害福祉サービス・障害児支援・補装具等のいずれか2つ以上を利用している場合は、3万7200円となっています。

また、具体的には、介護保険法に基づく訪問介護などの介護サービス、障害児の場合には児童福祉法に基づく入所・通所サービスの利用費なども対象に含まれます。

■ 高額障害福祉サービス費の支給対象者の拡大

高額障害福祉サービス費の支給については、障害者総合支援法76条の2に規定が置かれています。

なお、障害をもつ高齢者は、65歳を超えると、介護保険法と障害者総合支援法の双方の制度の適用を受けることになりますが、両者が重複した場合には、介護保険法が優先されるという原則が存在しています。

そのため、65歳を超えると、障害福祉サービスの支給決定を受けることができなくなり、高額障害福祉サービス費も受けることができなくなります。その結果、費用の負担が増えてしまい、生活に困窮するおそれがあります。そこで、高齢障害者の所得の状況や障害の程度等の事情を考慮し、介護サービスの利用者についても、障害福祉制度によって負担を軽減できるしくみが整備されています。

支給決定や障害支援区分の認定に不服がある場合

障害者介護給付費等不服審査会に対して申立てを行う

■ 不服申立てはどのようなときに行うのか

　障害福祉サービスとして、給付される内容などについて、法律は具体的な給付の量を規定しているわけではありません。そのため、障害支援区分の認定や支給内容、利用者負担に関する決定などに対して、不服がある場合は都道府県知事に対して不服申立てを行うことができます。

　たとえば、障害支援区分の審査や判定は、市町村に設置されている市町村審査会により行われます。障害支援区分は、障害のさまざまな特性・心身の状態に応じて6つの区分が設定され、コンピュータ判定による1次判定の後、2次判定として市町村審査会の判定を経て、市町村から申請者に通知されます。障害の程度や調査の状況によって、行政と障害者での行き違いなどが生じてしまう場合に、不服申立てを行います。

　介護給付費などの支給に不服がある場合は、支給決定を行う市町村に不服申立てを行うのではなく、都道府県に申立てを行うことに特徴があります。これは、公平性や客観性の観点から行うもので、障害者の権利保障をより確実なものにするためです。

■ 不服申立ての手順

　支給決定の判定に対する不服申立ては、都道府県に設置されている障害者介護給付費等不服審査会（不服審査会）に審査請求を行います。

　審査請求の対象は、①障害支援区分の認定、②障害支援区分の変更認定、③介護給付費などの支給の要否の決定、④支給内

支給決定に対する不服申立て

（例）支給決定

①支給決定⇒ 障害者が内容に不満
②審査請求

（①の翌日から60日以内）

（都道府県に設置）
障害者介護給付等不服審査会

障害者

【審査請求の対象】
①障害支援区分の認定、②障害支援区分の変更認定、
③介護給付費などの支給の要否の決定、
④支給内容（障害福祉サービスの種類、支給量、有効期間）、
⑤支給決定の変更の決定、⑥利用者負担に関する決定など

容（障害福祉サービスの種類、支給量、有効期間）、⑤支給決定の変更の決定、⑥利用者負担に関する決定などがあります。

都道府県は、不服審査会の設置を任意に行いますが、専門的な機関で公平かつ中立的な立場で審査するためには設置が望ましいと考えられています。不服審査会の委員などの構成員も身体障害や知的障害、精神障害の各分野に対してバランスよく配置されなければなりません。

障害者等が審査請求をすることができる期間は、原則として認定や決定があったことを知った日の翌日から起算して60日以内です。審査請求書を都道府県または市町村に書面で提出するか口頭で行う必要があります。

障害福祉サービスなどの一般的な苦情の受付は、利用している事業所内の苦情解決体制の中で行われます。しかし、事業所内で対応できない場合や直接言いにくい場合は、都道府県の社会福祉協議会に設置されている運営適正化委員会に相談することができます。

Column

障害者手帳はどんな場合に交付されるのか

　障害者に対しては、障害の内容に応じて、身体障害者手帳、療育手帳、精神障害者保健福祉手帳が交付されます。また、それぞれの障害の状態に合わせて、さまざまな福祉サービスを受けることができます。

① **身体障害者手帳**

　身体障害者が日常生活を送る上で、最低限必要な福祉サービスを受けるために必要な手帳です。身体障害者手帳の交付対象となる障害の範囲は、障害の程度の重い方から1級〜6級に分けられます。身体障害者手帳の交付を受けるためには、交付申請書と各都道府県知事により指定を受けた医師の診断書が必要です（身体障害者福祉法15条）。

② **療育手帳**

　知的障害者と認められた人に交付される手帳です。東京都においては、申請があった場合、本人との面接や知能検査を経て、療育手帳（愛の手帳）を交付すべきか判定します。療育手帳は、知的障害者と判定されても、必ず持たなければならないものではありません。手帳の交付を受けるには、本人が居住している地域の福祉事務所へ申請します。

② **精神障害者保健福祉手帳**

　精神障害のため日常・社会生活において制約のある人の自立と、社会復帰・参加を促進して、各種福祉サービスを受けやすくするために交付されます。精神障害者保健福祉手帳の申請には、精神保健指定医または精神障害者の診断・治療を行っている医師の診断書が必要な場合があります。精神障害者保健福祉手帳は障害の程度の重い方から1級〜3級と等級が分かれており、等級により受けられる福祉サービスが異なります。また、2年間の有効期間があり、有効期限が切れる前に更新手続きをしなければなりません。なお、精神障害の状態に変化があり、現在の等級が適当でないと思われる場合は、有効期限内でも等級の変更申請をすることが可能です。

PART 6

障害福祉サービスの内容

サービスの利用

利用者は必要なサービスを組み合わせて利用すること
になる

■ 人によって受けたいサービスは異なる

　障害者総合支援法によって受けられるサービスは、サービスの利用方法によって日中活動、居住支援、居宅支援、相談等支援、医療支援、補装具等支援のカテゴリに分けることができます。

　実際には、利用者は、これらのサービスの中から必要なサービスを組み合わせて利用することになります。たとえば、日中は療養介護を利用して夜間は施設入所支援を利用するといった具合です。

■ 自宅で生活支援をしてもらうことはできるのか

　居宅における生活支援とは、障害者が住みなれた家庭で日常生活を送れるように支援するサービスです。

　介護給付による支援で居宅支援に関するサービスには、居宅介護（障害支援区分1以上の障害者や障害児が利用者になります）、重度訪問介護（障害支援区分4以上・二肢以上にまひがある人などが利用者）、同行援護（移動が困難な視覚障害者が利用者）、行動援護（知的障害者や精神障害者が利用者）、重度障害者等包括支援（常時介護が必要な障害者や障害支援区分6以上の意思疎通が困難な者などが利用者）、短期入所（障害支援区分1以上の者が利用者）があります。

　これに対して、地域生活支援事業による支援で居宅支援に関するサービスには、移動支援事業（介護給付による個別の給付で対応できない複数名の移動や、突発的に必要が生じた場合の移動支援を行うサービス）、日中一時支援事業（一時的に支援

自宅での生活を支援するサービスとその内容

サービス名	内容
居宅介護	居宅における身体介護・家事援助・通院介助など
重度訪問介護	重度障害者が自宅で生活するための総合的な支援
同行援護	外出時に必要となる情報の提供や移動同行
行動援護	移動時の問題行動に対する援助・介護
重度障害者等包括支援	寝たきりなどの重度障害者に対し複数のサービスを包括的に行う
短期入所	介護者の不在時に一時的に施設で生活する

が必要となった人に、社会適応訓練、見守り、日中活動の提供、送迎などを行うサービス）、意思疎通支援事業（手話通訳や要約筆記者の派遣、手話通訳の設置支援などを行うサービス）があります。

■ 夜間の居住支援をサポートするサービス

居住支援とは、入所施設などで夜間に居住する場を提供するサービスのことです。居住支援については、介護給付、訓練等給付、地域生活支援事業から以下の支援が行われます。

まず、介護給付（介護に対する費用の支給のこと）による支援として、施設に入所する人に、入浴や排せつ、食事などの介護を行う施設入所支援があります。訓練等給付（就労につながるような支援のこと）によるものとして、共同生活援助（グループホームを利用する障害者に対しては、共同生活をする賃貸住居で、相談や日常生活上の援助）が行われます。

地域生活支援事業による支援で夜間の居住支援に関するサービスには、福祉ホーム（障害者に対して低額な料金で居室を提供している施設のことで、民間の事業者が運営しています）による日常生活の支援や、入居後の相談支援を行う居住サポート

事業（賃貸借契約による一般の住宅に障害者が入居することを支援する事業）があります。

■ 日中活動を支援するためのサービス

日中活動は、入所施設などで昼間の活動を支援するサービスです。介護給付による支援と、訓練等給付による支援及び地域生活支援事業による支援があります。

介護給付による支援には、療養介護と生活介護があります。

訓練等給付による支援には、自立訓練、就労移行支援、就労継続支援があります。また、地域生活支援事業による支援として、地域活動支援センター機能強化事業による支援があります。

■ 医療支援や用具の支給を受けるサービス

障害をもつ人は以下のような医療支援や用具の貸与・支給サービスを受けることができます。

・医療支援

障害の軽減を図り、日常生活や社会生活において自立するために必要な医療を提供する自立支援医療（障害の軽減を図り、日常生活や社会生活を自立して営むために必要な医療が提供されるサービスで、障害者や障害児が利用者）と、療養介護医療（医療の他に介護を受けている場合に、医療費の部分について支給される給付で、常時介護を必要とする身体障害者が利用者）があります。

・用具の貸与・支給

用具の貸与・支給
その他、重度の障害がある人は、地域生活支援事業により、市町村から日常生活に必要な用具のレンタルまたは給付（身体障害者が利用者）を受けることができる。

日常生活で必要になる用具の購入・修理にかかる費用については、自立支援給付により、補装具費（車いす、義肢、補聴器などのための費用で、身体障害者が対象になります）として支給されます。貸与が適切と考えられる場合（成長に伴って交換が必要となる障害児など）については、貸与も補装具費の支給対象となっています。

障害者へのサービス（介護給付・訓練等給付により行われるもの）

居宅支援	居宅介護	身体介護・家事援助・通院等介助・通院等乗降介助を行う
	重度訪問介護	重度の障害者が、自宅で日常生活を営むことができるように、総合的な支援を行うサービス
	同行援護	視覚障害者に同行などを行うサービス
	行動援護	自己判断能力が制限されている障害者に移動・外出時に必要な援助を行うサービス
	重度障害者等包括支援	重度障害者に対して複数のサービスを包括的に行う支援
	短期入所	施設で短期間生活する際に受けることのできるサービス
居住支援	施設入所支援	施設入所者に夜間を中心に排せつや入浴、食事の世話を行うサービス
	共同生活援助	地域の中で障害者が集まって共同で生活する場を設け、生活面の支援をするサービス
	自立生活援助	一人暮らしに必要な生活力などを養うために、必要な支援を行うサービス
日中活動	療養介護	難病患者や重症心身障害者に医療・介護を行うサービス
	生活介護	昼間に施設で介護や生産活動のサポートを行うサービス
	自立訓練（機能訓練）	身体障害者の身体機能の維持回復に必要な訓練を行う
	自立訓練（生活訓練）	知的障害者と精神障害者の生活能力の維持と向上に必要な訓練を行う
	就労移行支援	就労に必要な能力や知識を得るための訓練を行う
	就労継続支援A型	一般企業に就労するのが困難な障害者に行う就労等の機会の提供
	就労継続支援B型	雇用契約を結ばずに、就労の機会や居場所を提供し、就労支援を行う
	就労定着支援	就労に伴う生活面の課題に対して支援を行う
医療支援	自立支援医療	障害の軽減を目的とする医療費の公費負担制度
	療養介護医療	医療の他に介護が必要な障害者に支給される
補装具等支援	補装具	義肢、装具、車椅子などの給付についての費用を補助する制度
相談等支援	計画相談支援給付	サービス等利用計画案の作成・見直し
	地域相談支援給付	地域の生活に移行できるようにするための支援（地域移行支援）と常時の連絡体制の確保などのサービス（地域定着支援）

※上表の他、自治体の地域生活支援事業により行われる各種の給付もある

居宅介護

在宅において必要な介護を提供する

■ 居宅介護とは

　居宅介護とは、障害者の自宅において提供されるサービスのことです。そのため、ホームヘルプとも呼ばれています。障害者福祉における重要な視点に、障害者が地域で自律的に生活することができる社会を実現することが挙げられます。つまり、必要な支援を行うことで、障害者が、常に障害福祉サービス事業所に通い詰めるのではなく、自宅を中心に、地域社会の中で、自由な生活を送ることを保障するためのサービスだといえます。

　居宅介護の対象になるのは、障害支援区分が1以上の人です。ただし、居宅介護のうち、身体介護を伴う通院等介助が必要な人については、障害支援区分2以上にあたる必要があるとともに、障害支援区分の認定調査項目について、以下の事項のうち、1つ以上の認定を受けている必要があります。

・歩行に関して

　全面的な支援が必要であると認められることが必要です。

・移乗・移動に関して

　全面的な支援が必要であるか、見守りなどの支援が必要、あるいは、部分的に支援が必要であると認められることが必要です。

・排尿・排便に関して

　全面的な支援が必要であるか、部分的な支援が必要であると認められることが必要です。

■ サービスの内容や特徴

　具体的に、居宅介護は、ホームヘルパーが障害者の自宅を訪

居宅介護の対象

障害児の場合、障害支援区分1以上と同等の心身の状態であると認められた場合には、居宅介護サービスを受けることが可能である。

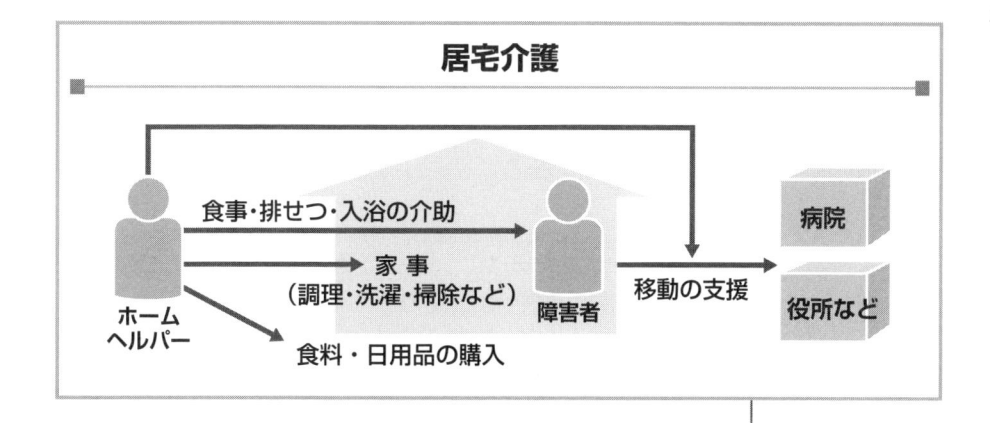

居宅介護

- 食事・排せつ・入浴の介助
- 家 事（調理・洗濯・掃除など）
- 食料・日用品の購入
- ホームヘルパー
- 障害者
- 移動の支援
- 病院
- 役所など

問し、必要なサービスを提供するという形態がとられています。居宅介護は、身体介護、家事援助、通院等介助、通院等乗降介助の4つに分類できますが、以下のように介護が必要な局面に応じて分類可能です。

・障害者の身の回りの介護

ホームヘルパーは、障害者の食事・排せつ・入浴にあたり、介助を行います。その他、障害者の生活全体を通じて相談に応じるとともに、必要なアドバイスを提供します。

・障害者の日常生活に対する介護

ホームヘルパーは家事全般（食事の調理や掃除・洗濯など）を担うとともに、食料や日用品の購入なども行います。

・通院・社会生活を送る上での必要なサポート

居宅介護は、原則として障害者の自宅において行われるサービスですが、障害者の社会生活をサポートするという目的があるため、障害者が外出するときにも、必要な支援を行います。たとえば、身体障害により移動が困難な障害者は、定期的に通院が必要な場合があります。その場合には、ホームヘルパーが移動介助などを行います。その他にも、選挙の投票や、役所などの行政機関での必要な手続きなどについても、ホームヘルパーによる移動介助などを受けることができます。

重度訪問介護

在宅の重度障害者に訪問介護や移動支援を総合的に提供する

■ 重度訪問介護とはどんなサービスなのか

重度訪問介護は、重度の障害者が、自宅で日常生活を営むことができるように、入浴、排せつ、食事などの介護、調理、洗濯、掃除などの支援を行います。ヘルパーなどが自宅に訪問する居宅介護と支援内容はほとんど同じです。居宅介護との相違点は、重度訪問介護の支援の中で外出時の移動支援や、入院時の支援なども総合的に行う点です。そのため、重度訪問介護を利用する場合は、居宅介護、同行援護、行動援護の支援は併用できません。また、2018年の法改正で入院時の支援が追加されました。入院時の支援とは、障害者それぞれの特性に合わせた介護を提供できるヘルパーが入院中の病室を訪問し、見守りなどをすることで、入院中であってもいつもと同じ介護を受けることが可能になっています。障害のある人にとって、環境の変化をもたらす入院は、強い精神的なストレスにつながるため、入院時の介護はメリットが大きいといえます。

重度の障害者の場合、介護の必要な事態がいつ発生してもおかしくないため、ホームヘルパーは長時間にわたって見守りを行う必要があります。そのため、24時間サービスを受けることが可能なしくみになっています。

重度な障害者が、住み慣れた地域、自宅で住み続けていくためには重度訪問介護は必須のサービスとなっています。しかし、重度の障害で医療との連携も深く、専門的知識を要する人材が不足したり、支援の特性上、長くサービスを提供するため単価が低くなってしまうなど、重度訪問介護の事業所が増えないと

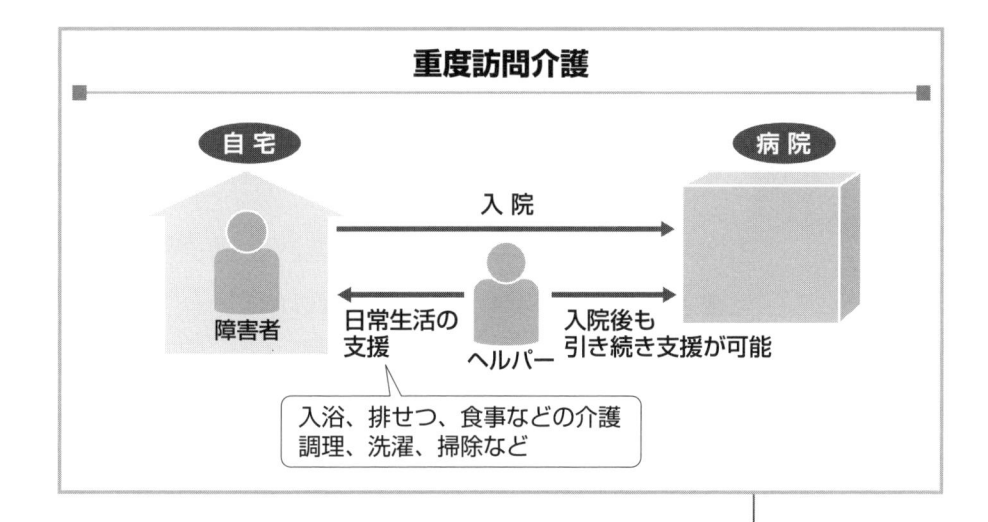

重度訪問介護

自宅 — 障害者
病院

入院

日常生活の支援　ヘルパー　入院後も引き続き支援が可能

入浴、排せつ、食事などの介護
調理、洗濯、掃除など

いう課題があります。

■ 支援の対象はどういった障害者なのか

　重度訪問介護はより重い症状をもつ障害者に対するサービスで、重度の肢体不自由者などで、常に介護を必要としている人が対象になります。

　具体的には、障害支援区分4以上であって、二肢以上にまひなどがあること、さらに、障害支援区分4以上であって、障害者支援区分の認定調査項目のうち「歩行」「移乗」「排尿」「排便」のいずれも支援が不要以外と認定されていること、が条件とされています。なお、入院時の支援を受ける場合は、障害支援区分が6以上である必要があります。

　重度の肢体不自由者だけでなく、知的障害者や精神障害者も対象となっています。その場合は、障害支援区分4以上であって、障害者支援区分の認定調査項目のうち行動関連項目等（12項目）の合計点数が10点以上である必要があります。行動関連項目等とは、意思表示、説明の理解、異食行動、大声・奇声を出す、多動・行動停止などの12項目を0〜2点で評価します。

支援の対象

重度訪問介護の対象から、障害児が除かれている点に注意が必要である。

同行援護

· ·

視覚障害者の外出支援の範囲が決められている

■ 同行援護とはどんなサービスなのか

　視覚障害者にとって、外出をすることは困難で家に閉じこもりがちになってしまう傾向があるようです。障害者の自立をめざす上で望ましいとはいえません。また、国や地方公共団体によって、公共交通機関や歩道などのバリアフリー化が進められていますが、安心して外出できるレベルには達していないのが現状ではないでしょうか。

　そこで同行援護によって、視覚に障害があり、移動が困難な障害者が生活できるよう、障害者が外出する際に必要な情報を提供したり、障害者の移動に同行して支援を行います。今までは視覚障害者への移動支援という位置付けでしたが、2011年の法改正によって、外出中や外出先での視覚情報の支援という位置付けとなりました。

　同行援護を利用できる対象者は、視覚障害により、移動に著しい困難を有する障害者などです。さらに、同行援護アセスメント調査票によって、調査項目中の「視力障害」「視野障害」「夜盲」のいずれかが1点以上であるとともに、「移動障害」の点数が1点以上である必要があります。身体介護が伴わない場合は、障害者認定区分がなくても利用可能となっています。

　これに対して、身体介護が伴う場合には、障害支援区分が2以上の障害者が対象です。さらに、障害支援区分の認定調査項目において、「歩行」「移乗」「移動」「排尿」「排便」について、いずれか1項目でも支援が必要な状態であることが必要です。

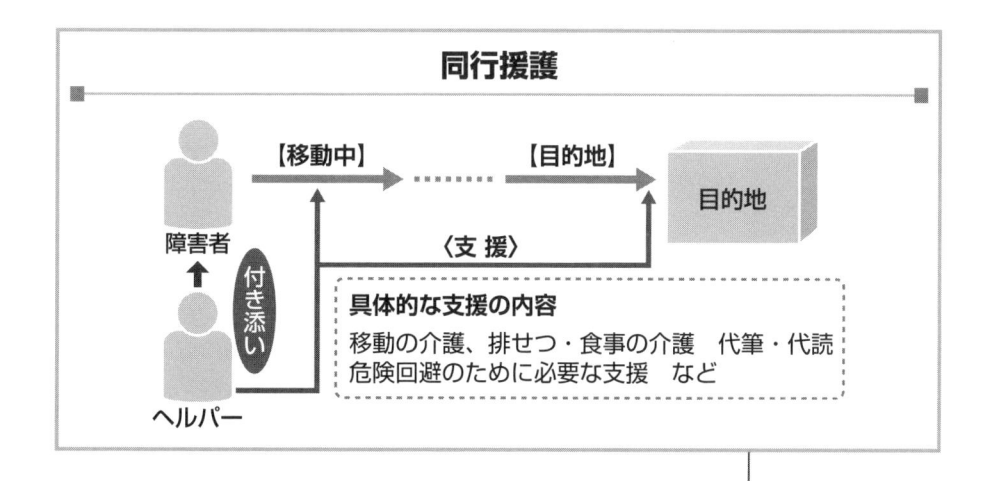

同行援護

【移動中】 ……… 【目的地】

目的地

障害者

付き添い

〈支 援〉

ヘルパー

具体的な支援の内容
移動の介護、排せつ・食事の介護　代筆・代読
危険回避のために必要な支援　など

■ 同行援護の対象になる外出とは

　視覚障害者などの外出時に付き添うヘルパーは、移動中や目的地において、移動の介護、排せつ、食事の介護、代筆・代読、危険回避のために必要な支援を行います。外出を支援するサービスだけでなく、移動先での代筆や代読も提供できる点が特徴で、役所や病院などで何かを読んでもらうことが可能です。ただし、すべての外出が支援の対象になるわけではなく、通勤や営業活動などのための外出、一年を通じた長期の外出の他、パチンコに行くなど、同行援護の対象に社会通念上（常識的に見て）不適切な外出は対象になりません。具体的に同行援護の支援範囲となるのは、日常生活での買い物や通院、公的機関・銀行などへの外出、社会参加、余暇活動・スポーツなどです。

　また、支援サービスの始まりと終わりの場所は、自宅でなくてもよく、病院から自宅までの支援でも可能とされています。

　介護保険の対象者でも、同行援護を利用できる場合があります。同行援護のサービス内容は、介護サービスの中にないからです。しかし、買い物や通院などの場合、介護サービスの訪問介護と重なる部分が多く、市町村によっては認められない可能性もあります。

同行援護の対象
原則として1日の範囲内で用務を終えるものでなければならない。

行動援護

障害者の行動に伴う危険回避の援助を行う

■ 行動援護とはどんなサービスなのか

　行動援護は、知的障害や精神障害により行動上著しい困難があり、常時介護を必要とする障害者に対して提供します。支援内容は、移動する際に生じる危険を回避するために必要な援助や、外出時における移動中の介護などを行うことです。

　行動援護の具体的なサービスは、制御的対応、予防的対応、身体介護的対応に分けられます。制御的対応とは、障害者が突然動かなくなったり、物事に強いこだわりを示すなどの問題行動に適切に対応することです。予防的対応とは、障害者が初めての場所で不安定になったり、不安を紛らわすために不適切な行動を起こさないように、前もって不安を取り除く対応です。そして、身体介護的対応とは、便意の認識ができない障害者の介助、食事介助、衣類の着脱の介助などを指します。場合によっては、情緒不安定に陥り自傷行為を行うケースもあるため、他人に対する危険以外にも注意を配らなければなりません。この制御的対応や予防的対応が、移動する際に生じる危険を回避するために必要な援助に該当します。

　知的障害者や精神障害者は、障害の程度によって自分の行動や感情をコントロールすることが難しい場合があります。たとえば、突然泣き出したり、大声を出したり、相手に危害を加えたりすることがあります。また、日々のルーティンと異なることで不安になる場合もあります。そういった状況において、制御的対応や予防的対応を主とした行動援護をうまく活用することで、知的障害者や精神障害者も社会生活を過ごすことができます。

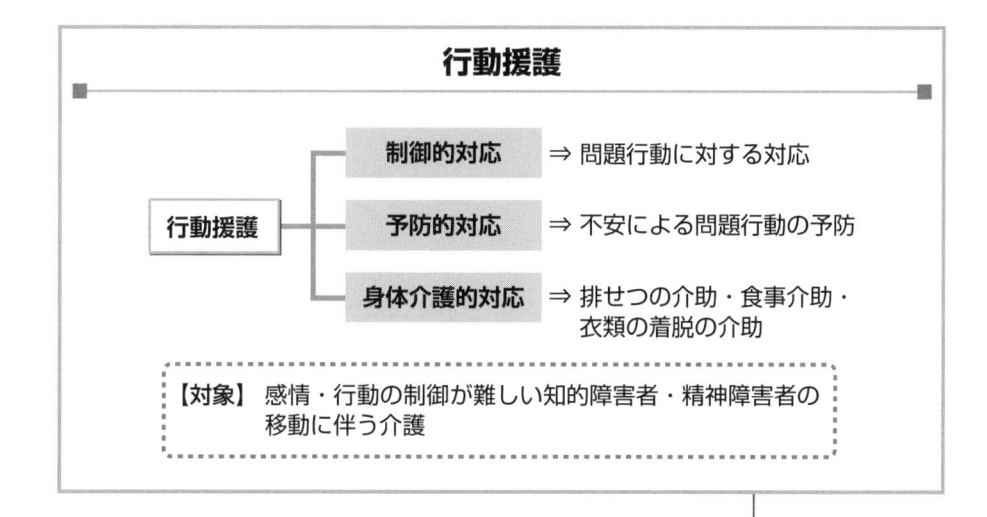

行動援護

行動援護
- **制御的対応** ⇒ 問題行動に対する対応
- **予防的対応** ⇒ 不安による問題行動の予防
- **身体介護的対応** ⇒ 排せつの介助・食事介助・衣類の着脱の介助

【対象】感情・行動の制御が難しい知的障害者・精神障害者の移動に伴う介護

■ 対象者となる障害の程度とは

対象になるのは行動上著しい困難を有する障害者です。具体的には、障害者支援区分が3以上で、障害支援区分の認定調査項目のうち行動関連項目等（12項目）の合計点数が10点以上である者が対象となります。なお、障害児については、これに相当する支援の度合いであれば対象となります。

実際の対象者の例としては、統合失調症などを有しており、危険回避などができない重度の精神障害者、てんかんや自閉症などを有する重度の知的障害者、そして自傷・異食・徘徊などの危険を有する人などが挙げられます。

障害者の特性に合わせて、制御的行動や予防的対応を行わなければならないため、行動援護を行うヘルパーも高い知識と経験が必要になってきます。2021年4月以降は、ヘルパーの資格要件として養成研修を修了し、知的障害者や精神障害者への直接処遇経験が1年以上必要となります。よりよい支援を行うため、資格要件を厳しくしています。現在は、経過措置として、介護福祉士など一定の資格と直接処遇経験2年以上があれば行動援護を提供できます。

> **障害児の場合**
> 障害児の場合、本文記載の対象になる障害者と同等の心身の状態であると認められた場合に、行動援護のサービスが利用可能である。

重度障害者等包括支援

複数のサービスを組み合わせて利用する

■ 重度障害者等包括支援とはどんなサービスなのか

重度障害者の場合、多くの介護や支援が必要となるケースが多く、想定していなかったサービスが急に必要になる可能性も高いといえます。そのため、対象者が日常生活においてさまざまなサービスを心身の状態などに合わせて臨機応変に利用できることが必要になります。つまり、重度障害者等包括支援の対象者は、居宅介護、同行援護、重度訪問介護、行動援護、生活介護、短期入所、共同生活介護、自立訓練、就労移行支援及び就労継続支援といった複数のサービスを包括的に利用できます。

重度障害者等包括支援のサービスの対象者は、障害支援区分6に該当し、意思疎通が著しく困難な障害者です。その上で、重度障害者をⅠ類型、Ⅱ類型、Ⅲ類型に分類しています。重度障害者等包括支援事業者は、運営規定の中で事業の対象者としてⅠ～Ⅲ類型を明記する必要があります。

Ⅰ類型とⅡ類型は、四肢すべてに麻痺があり、常時寝たきり状態である者です。さらに、Ⅰ類型の場合は、筋ジストロフィーや脊椎損傷など人工呼吸器で呼吸管理をしている身体障害者が該当します。Ⅱ類型は、最重度の知的障害者が該当します。

Ⅲ類型は、障害支援区分の認定調査項目の行動関連項目により判断され、強度行動障害者などが該当します。

■ 事業者は具体的にどのように支援を行うのか

重度障害者等包括支援は複数のサービスを組み合わせて提供されます。具体的には、朝夕の食事などの介護を重度訪問介護、

Ⅲ類型の対象者
障害支援区分の認定調査項目のうち行動関連項目等（12項目）の合計点数が10点以上である者が対象に含まれる。

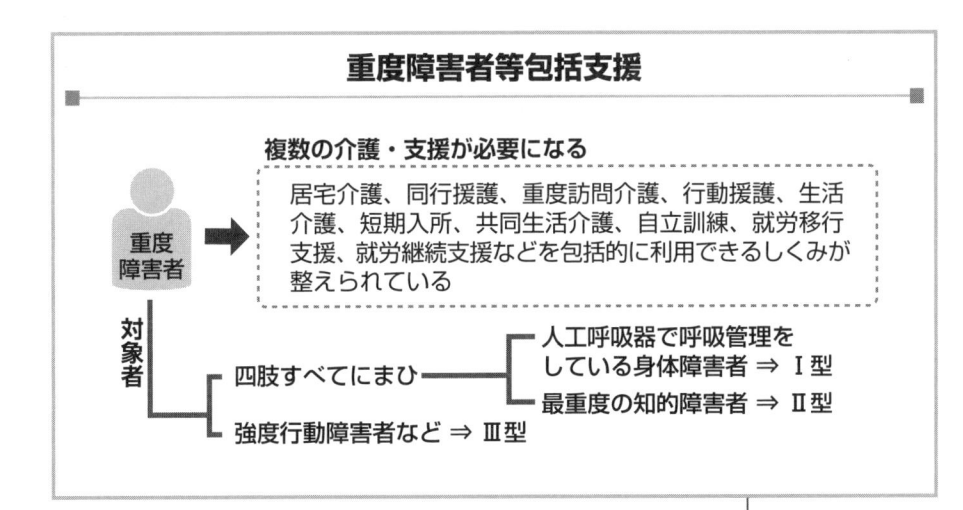

重度障害者等包括支援

複数の介護・支援が必要になる

重度障害者 ➡ 居宅介護、同行援護、重度訪問介護、行動援護、生活介護、短期入所、共同生活介護、自立訓練、就労移行支援、就労継続支援などを包括的に利用できるしくみが整えられている

対象者
四肢すべてにまひ ─ 人工呼吸器で呼吸管理をしている身体障害者 ⇒ Ⅰ型
最重度の知的障害者 ⇒ Ⅱ型
強度行動障害者など ⇒ Ⅲ型

日中は事業所へ移動し、入浴などの生活介護をそれぞれ行い、切れ目のないサービスを提供します。また、家族の入院など緊急時や障害者本人の通院時は、重度訪問介護で夜間の見守りや通院支援を行います。家族の介護負担を減らすために、泊まりの短期入所を組み合わせる場合もあります。すべての事業を同一の事業所で提供することは難しい場合は、他事業所と連携して提供することも可能です。その場合においても、利用者の状態変化で生じたニーズに臨機応変に対応する体制や、緊急なサービス内容の変更への調整を行えるように事業所間で連絡を密にしておく必要があります。

しかし、事業所側にとっては、複数のサービスの提供に加え、急に介護や支援が必要になった場合の緊急の要請にも備えなければならないため、非常に負担の大きいサービスです。そのため、実施事業者数、利用者数ともに伸び悩んでいるのが現状です。

なお、利用者は原則として1割の利用料を負担しますが、一定の金額を上限として定め、利用者の負担が過度にならないように配慮しています。その際には、利用者の所得（18歳以上の障害者は本人と配偶者の所得）を基準に上限額を算定します。

短期入所

介護者のリフレッシュも兼ねる

■ 短期入所とはどんなサービスなのか

　短期入所は、通常、自宅での介護サービスを受けている人が、その介護者の病気、冠婚葬祭への出席、公的行事への参加などの理由から、施設で短期間生活する際に受けることのできるサービスのことで、ショートステイとも呼ばれます。介護者が不在となる障害者を、一時的に預かり、必要に応じて排せつ、食事、入浴などの介護や支援を行います。また、急速な高齢社会が進み、障害者の介護にあたる家族の高齢化も進んでいます。短期入所は、家族の介護の負担軽減を図る制度としても期待されています。

　このサービスは、福祉型と医療型に分かれています。どちらも身体障害者、知的障害者、精神障害者を問わず利用することができます。まず福祉型は、障害者支援施設などで実施されており、対象になるのは、障害支援区分1以上の障害者、または、障害児に必要とされる支援の程度に応じて厚生労働大臣が定める区分において、区分1以上に該当する障害児です。そして医療型は、病院、診療所、介護老人保護施設で実施されており、対象者は遷延性意識障害児（者）や重症心身障害児（者）などです。

　短期入所サービスを利用できる日数は、各市町村の判断によって決定されます。なお、短期入所は介護者の急用などで突然利用が必要になることも多いため、すぐに利用予定がない場合でも、事前に利用申請をしておくことができます。

　短期入所サービスは、地域社会において必要不可欠なサービスとなっています。一般的には障害者支援施設に併設している

医療型の対象者

医療型の対象者の具体例として、遷延性意識障害者であること、あるいは、筋萎縮性側索硬化症の他、運動ニューロン疾患に分類される者などが挙げられる。

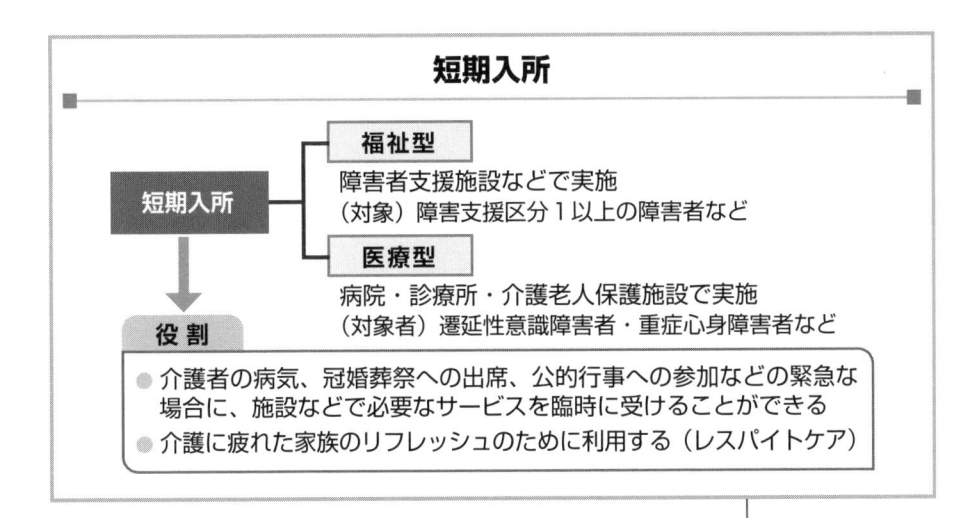

短期入所

福祉型
障害者支援施設などで実施
（対象）障害支援区分１以上の障害者など

医療型
病院・診療所・介護老人保護施設で実施
（対象者）遷延性意識障害者・重症心身障害者など

役割
- 介護者の病気、冠婚葬祭への出席、公的行事への参加などの緊急な場合に、施設などで必要なサービスを臨時に受けることができる
- 介護に疲れた家族のリフレッシュのために利用する（レスパイトケア）

ため、設備や人員面に関しても安心してサービスを利用することができます。

■ 短期入所サービスの役割とは

サービスの利用理由は、介護者の病気など、緊急、臨時的に介護が必要という理由だけでなく、旅行や休息など、ふだん介護に疲れている家族がリフレッシュすることを目的としたものでもかまいません。家族がリフレッシュするために、一時的に介護を離れ、障害者を預かることをレスパイトケアといいます。

近年では、介護のため時短勤務や、場合によっては離職して介護をしなければならないケースが増えてきました。日本では家族が介護をするという考え方がまだまだあるからです。しかし、短期入所サービスのように気軽にレスパイトケアとして利用することが可能なサービスが増えてくれば、そういった介護者の負担軽減になり、介護者の社会進出も可能になります。

短期入所サービスは、障害者の一時的な介護や支援を提供するだけでなく、介護をする人の身体的・精神的負担軽減の役割もあります。

療養介護

医療機関で介護と医療的ケアを行う

■ 療養介護とはどんなサービスなのか

　療養介護とは、「障害者総合支援法」で定められた自立支援給付のうち、介護給付に含まれる障害福祉サービスです。障害の種類によっては、食事介助や排せつの介助だけでなく、医療的なケアを要する障害もあります。具体的には、ALS（筋萎縮性側索硬化症）や筋ジストロフィー患者、重症心身障害者が該当します。つまり、長期の入院が必要である障害者のためのサービスとなっています。

　療養介護では、難病患者や重症心身障害者が、病院などの医療機関に長期入院して、機能訓練や看護などの医療的ケアとともに、食事や排せつなどの介護を受けることができます。つまり、日常的な介護の他に、医療行為の提供などを受けることができ、これを療養介護医療と呼んでいます。

療養介護の対象者

本文記載の対象者以外に、かつての児童福祉法に基づく重症心身障害児施設あるいは、指定医療機関に入所した者で、2012年4月以降に、指定療養介護事業所を利用する者も対象に含まれる。

　療養介護の対象者は、ALSなどを患っており、気管切開を伴う人工呼吸器による呼吸管理をしている人で障害支援区分6の人、または筋ジストロフィー患者か重症心身障害者で障害支援区分5以上の人で、いずれの場合も長期入院や常時の介護を必要とする人を対象としています。

　療養介護を利用するためには市町村に申請し、障害支援区分についての認定を受けなければなりません。障害支援区分には有効期間があり、3か月から3年の期間内で期間が決定されます。さらに支給を受けるためには、指定特定相談支援事業者が作成したサービス等利用計画案を提出し、支給決定を受けなければなりません。サービスの利用開始後も、利用者の実情に

療養介護

【対象】長期入院・常時介護が必要な障害者
- ALS（筋萎縮性側索硬化症）などにより気管切開を伴う人工呼吸器による呼吸管理をしている障害支援区分6の人
- 筋ジストロフィー患者・重症心身障害者で障害支援区分5以上の人

受けられるサービス

〈日常的な介護〉
食事、入浴、排せつの管理など
＋
〈療養介護医療〉
医療行為や看護など

合ったサービスを提供するため、事業者は1年ごとにモニタリングを行い、利用計画を見直します。支給決定の更新もそれに基づいて決定されます。

■ 療養介護も選択肢のひとつになっている

　療養介護は、医療的ケアを必要とする障害者が長期入院をすることを想定して作られたサービスです。医療の発達や機能訓練などで、必ずしも療養介護を利用しなければならないわけではありません。筋ジストロフィー患者の中には、自らの意思で療養介護を継続した人もいれば、自宅で自立生活を送っている人もいます。なお、自立生活を行う場合は、重度障害者等包括支援を利用することになります。

　難病患者や重症心身障害者は、体を動かすことや意思疎通が困難な場合があります。しかし、「こういう生活がしたい」という意思や感情までなくなったわけではありません。障害が重いから入院しかできないではなく、療養介護はあくまで選択肢のひとつであり、障害者本人の意思を優先し、望んでいる生活が可能となるサービスや支援の拡充が必要となっています。

生活介護

日常生活の介護から創作的活動まで支援する

■ 生活介護とはどんなサービスなのか

生活介護とは、障害者総合支援法で定められた自立支援給付のうち、介護給付に含まれる障害福祉サービスです。昼間に障害者支援施設など適切にサービスを行うことができる施設で、排せつや入浴、食事などの基本的な日常生活上の介護だけでなく、対象者の生産活動や創作的活動のサポートも受けられます。施設に入所している障害者も昼間、生活介護を利用することができます。

生活介護の対象者は、常時の介護を必要とする身体障害、知的障害、精神障害にかかわらず、障害支援区分3以上の人です。生活介護は施設入所者の場合、障害支援区分4以上の人が対象になります。4以下の場合でも、市町村により生活介護と入所している施設からの支援を組み合わせて利用することが必要と判断されれば対象となります。また、年齢が50歳以上の場合は、障害支援区分2以上で利用が可能です。障害児の利用はできません。

施設には利用者の障害支援区分に応じて、看護師、理学療法士、作業療法士などが配置されています。

生活介護を利用するためには市町村に申請し、障害支援区分についての認定を受けなければなりません。障害支援区分の有効期間、支給を受けるための過程については療養介護と同じです（188ページ）。療養介護と同様にモニタリングが行われますが、療養介護が1年ごとに行われるのに対して、生活介護の場合は、通常6か月ごとにモニタリングが行われます。

生活介護と入所施設の支援を組み合わせる場合

指定特定相談支援事業者によるサービス等利用計画案を作成するという手続きが必要になる。

生活介護

障害支援区分３以上の人　など

【生活介護】
おもに昼間に提供されるサービス

障害者支援施設など

対象障害者

日常生活上の介護	生産活動・創作的活動
排せつ、入浴、食事などの介護	（例）手芸などの自主製品の製作、パンやクッキーの製造、企業からの内職 など

■ 生産活動や創作的活動の意義とは

　生活介護の特徴は、日常生活上の介護だけでなく、生産活動や創作的活動を提供することにあります。つまり、障害者が日常生活を送る上で必要な介護などを提供するとともに、さまざまな活動に取り組み、社会参加への足がかりを作ることに目的があります。生産活動や創作的活動の具体例としては、手芸などの自主製品の製作や、パンやクッキーの製造、趣味活動などのサポート、企業からの内職など多種多様な活動があります。

　こうした活動は、製作や内職をして工賃を稼ぐためではなく、健康の維持・増進、自立に向けた自信や生活意欲の醸成、経験値の拡充などの目的があります。

　生活介護の利用者は、比較的、障害支援区分が高い人が多く、この生産活動や創作的活動の内容を充実させることは、前述した目的達成のために重要な要素になります。たとえば、内容を充実させるために、製作をただの作業で終わらせず、創作活動の成果を発表する場を設ける、就労支援施設との連携を図るなどが考えられます。

自立訓練

■ 自立訓練（機能・生活訓練）とはどんなサービスなのか

自立訓練とは、自立支援給付のうち、訓練等給付に含まれる障害福祉サービスです。病院や施設を退院した人が、地域社会で自立した生活を営むことができるように、身体機能の訓練や生活能力の維持・向上のためのサービスが受けられます。自立訓練は、身体障害者を対象とした機能訓練と、知的障害者・精神障害者を対象とした生活訓練に分けられます。

・機能訓練

機能訓練とは、身体障害者の身体機能の維持回復に必要な訓練を行うサービスです。具体的には、理学療法士や作業療法士によるリハビリテーションや、日常生活を送る上での相談支援などを行います。利用者の状況に応じて、通所と訪問などのサービスを組み合わせて訓練を行います。

機能訓練のサービスを利用するためには、指定特定相談支援事業者が作成したサービス等利用計画案を市町村に提出し、支給決定を受けなければなりません。障害支援区分は必要ありませんが、サービスの長期化を防ぐため18か月間の標準利用期間が設定されています。また、利用者が安定して地域生活を営むことができるように、定期的な連絡・相談を行うため、原則として6か月ごとにモニタリングが実施されます。

・生活訓練

生活訓練とは知的障害者と精神障害者の生活能力の維持と向上に必要な訓練を目的とした障害福祉サービスです。地域の中で生活をするために、事業所への通所や利用者の自宅への訪問

機能訓練における訪問サービス

機能訓練は、原則として通所による訓練が中心である。訪問サービスについては、個別支援計画の進行に合わせて、必要な場合に認められるしくみになっている。

機能訓練と生活訓練の違い

	機能訓練	生活訓練
利用者	地域生活を営む上で、身体機能生活機能の維持・向上等の必要がある身体障害者。以下の①②などが主な対象者。 ①病院などを退院した者で、身体的リハビリテーションの継続や身体機能の維持・回復などの支援が必要な者 ②特別支援学校を卒業した者で、身体機能の維持・回復などの支援が必要な者	地域生活を営む上で、生活能力の維持・向上等の必要がある知的障害者・精神障害者。以下の①②などが主な対象者。 ①病院などを退院した者で、生活能力の維持・向上などの支援が必要な者 ②特別支援学校を卒業した者や継続した通院により症状が安定している者で、生活能力の維持・向上などの支援が必要な者
サービス内容	身体的リハビリテーションの実施　など	社会的リハビリテーションの実施　など

を通じて必要な訓練を実施します。具体的には、食事や家事など日常生活能力を向上させるための訓練を行います。

　生活訓練のサービスを利用するためには、指定特定相談支援事業者が作成したサービス等利用計画案を市町村に提出し、支給決定を受けなければなりません。障害支援区分は必要ありませんが、サービスの長期化を防ぐため24か月間の標準利用期間が設定されています。この標準利用期間は、長期間、入院・入所していた人については36か月間に延長されます。また、定期的な連絡・相談を行うため、機能訓練と同様、原則として6か月ごとにモニタリングが実施されます。なお、生活訓練には、積極的な地域移行を図ることを目的として、施設に宿泊して夜間における生活訓練を行う宿泊型自立訓練も設けられています。

就労支援

....

障害者が就労するのに必要な知識や技能に関する支援
を行う

■ 就労移行支援とはどんなサービスなのか

就労移行支援とは、障害者総合支援法で定められた自立支援
給付のうち、訓練等給付に含まれる障害福祉サービスです。障
害者が一般就労を希望する場合や、独立開業をめざす場合に、
就労に必要な能力や知識を得るための訓練が受けられます。

就労移行支援の対象者は、サービス利用開始時に65歳未満の
障害者で、一般企業への就労を希望する人や、技術を習得し、
在宅で就労などを希望する人をおもな利用者として想定してい
ます。もっとも、65歳以上の障害者であっても、65歳になる前
の5年間の間に、障害福祉サービスの支給決定を受けており、
65歳になる前日の段階で、就労移行支援の支給決定を受けてい
た人については、引き続き就労移行支援を受けることが認めら
れています。

就労移行支援事業は、大きく以下の4つの段階に分類して、
必要な支援を行います。

① **基礎訓練**

就労移行支援事業所において、一般的な労働に必要な基礎的
な知識・技能に関する支援を受けることができます。具体的に
は、基礎体力向上に関する支援、集中力や持続力などの習得に
関する支援などを通じて、利用者一人ひとりの適性や就労に向
けた課題を見つけることが目的です。

② **実践的訓練**

マナーや挨拶、身なりなど、実際に就職した場合に必要にな
る基本スキルの習得に関する支援が行われます。また、実際に

就労移行支援の
対象者

本文記載の対象者以外
にも、あん摩マッサー
ジ指圧師免許、はり師
免許、きゅう師免許を
取得して就労を希望す
る者が挙げられる。

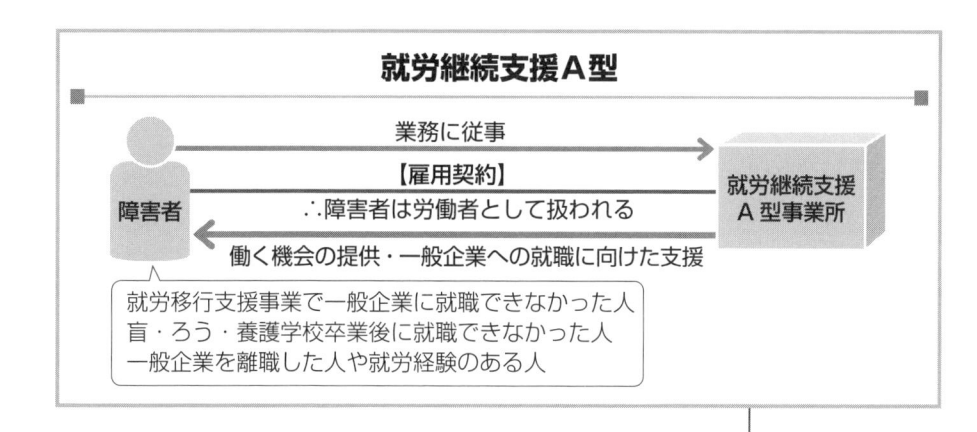

就労継続支援Ａ型

業務に従事

【雇用契約】

∴障害者は労働者として扱われる

働く機会の提供・一般企業への就職に向けた支援

障害者

就労継続支援
Ａ型事業所

就労移行支援事業で一般企業に就職できなかった人
盲・ろう・養護学校卒業後に就職できなかった人
一般企業を離職した人や就労経験のある人

職場見学に行き、実習を行うなど、利用者は就労後の直接的な
イメージをつかむことができます。

③　**事業者とのマッチングなど**

　求職活動のサポートなどを通じて、個別の利用者にふさわしい
職場への就職をめざした支援が行われます。この際には、ハロー
ワークや事業者との間で連携を取り、事業者との間で試行雇用
（トライアル）や、事業所内での職場適応訓練などが行われます。

④　**就職後のフォロー**

　事業者が、障害者を雇うことにした後も、ハローワークなど
の関係機関と連携して、障害者の適性や希望に応じた職場を作
り出す必要があります。特に、障害者が職に就いた後もその職
場に定着することができているかどうかを確認し、支援を続け
る必要があります。なお、就労移行支援期間中の訓練であっても、
訓練を受けている間の工賃（賃金）が障害者に支払われます。

■ **就労継続支援Ａ型（雇用型）とはどんなサービスなのか**

　就労継続支援とは、障害者総合支援法で定められた自立支援
給付のうち、訓練等給付に含まれる障害福祉サービスです。一般
企業に就労するのが困難な障害者に対して就労や生産活動の機
会を提供し、能力や知識の向上を目的とした訓練が受けられます。

就労継続支援にはA型とB型の2つのタイプがあります。

就労継続支援A型は、雇用型とも呼ばれ、雇用契約に基づく就労が可能と見込まれる65歳未満の障害者が対象です。具体的には就労移行支援事業で一般企業の雇用が実現できなかった人や、盲・ろう・養護学校卒業後就職できなかった人、そして一般企業を離職した人や就労経験のある人を対象としています。もっとも、就労移行支援と同様で、65歳以上の障害者であっても、65歳になる前の5年間の間に、障害福祉サービスの支給決定を受けており、65歳になる前日の段階で、就労継続支援A型の支給決定を受けていた人については、引き続き就労継続支援A型の支援を受けることが認められています。

■ 就労継続支援B型（非雇用型）とはどんなサービスなのか

就労継続支援B型は、非雇用型とも呼ばれ、雇用契約を結ぶA型とは異なり、雇用契約を結ばずに、就労の機会や居場所を提供し、就労支援を行います。就労継続支援B型の特徴は、年齢や体力などが理由で、負担の大きな仕事に就くことができない障害者を対象に、軽作業などを中心に行う中で、必要な職業訓練などが行われる点にあります。また、就労移行支援や就労継続支援A型に移行する前提として、就労継続支援B型を利用することも可能であり、一般的な就職を希望する利用者に対しては、就労継続支援B型の中でも、一般就労に必要な知識や技術に関する支援が行われます。

就労継続支援B型の対象者は、通常の事業所に雇用されることが困難な障害者で、具体的には、就労移行支援事業を利用したが一般企業の雇用に結びつかずB型利用が適当と判断された人、一般企業に就労経験があり、年齢や体力的に雇用が困難と予想される人、あるいは、50歳に達しているか、障害基礎年金1級受給者など、就労の機会を通じて生産活動に関する知識や能力の向上が期待される人を対象としています。

就労継続支援B型

軽作業などに従事 →

障害者

← 働く機会の提供・一般企業への就職に向けた支援

就労継続支援
B型事業所

就労移行支援事業を利用したが一般企業に就職できなかった人
一般企業に就労経験があり、年齢や体力的に雇用が困難と予想される人
50歳に達しているか、障害基礎年金1級受給者　など

■ 就労定着支援

　就労定着支援とは、就労移行支援などの結果、一般企業など
に就職することになった障害者に対して、就労に伴って生じる
さまざまな問題に対する支援を行います。

　障害者は、就職の前後で環境に大きな変化が生じるため、日
常生活などにおいても、問題を抱えるケースも少なくありませ
ん。そこで、具体的な支援としては、障害者からの相談に応じ
て、生活上の問題点を把握して、問題点を克服する上で必要な、
事業者などとの連絡調整などを行います。障害者に就労定着支
援事業所に来所してもらう場合もあれば、障害者の自宅や職場
に、就労定着支援事業所の職員が訪問することで、収支の管理
や体調の管理に必要なアドバイスや支援を行います。

　就労定着支援の対象者は、就労移行支援や就労継続支援（A
型・B型）などを通じて、一般企業などに就職した障害者のう
ち、就労後6か月を経過した人が対象になります。たとえば、
就労移行支援を例に挙げると、就労後6か月を経過するまでの
間のサポートが含まれていますので、就労定着支援は、その後
の就労支援を行う重要な制度といえます。サービスの利用期間
は3年間です。

> **就労定着支援**
> 就労定着支援は2018
> 年4月以降、訓練等給
> 付の一環として導入さ
> れた法改正により導入
> された制度である。

施設入所支援

施設に入所して夜間の生活支援を行う

■ 施設入所支援とはどんなサービスなのか

　施設入所支援は、障害者総合支援法で定められた自立支援給付のうち、介護給付に含まれる障害福祉サービスです。施設に入居する障害者に対し、夜間を中心に排せつや入浴、食事といった日常生活の介護や支援、生活に関する相談や助言を行うサービスです。そのため、施設に通所することが困難な障害者のケアを担う重要なサービスだといえます。日中時間帯は、就労移行支援事業や生活介護事業などを利用します。1日の時間帯ごとに適切なサービスが配置されていることで、障害者の1日の生活すべてにおいて、必要なケアが行き届くしくみが採用されています。

　以前まであった入所更生施設は、日中と夜間のサービスを一体的に提供していました。しかし、「日中に適した訓練が施されるが、その施設には住居機能がない」、逆に、「住居機能があるがその施設では満足な訓練が受けられない」などの不都合が生じるケースがありました。そういった背景があり、法改正が行われ、施設入所支援が規定されたことにより、障害者は自分に合った日中活動や夜間のケアを選択することができるようになりました。

　利用者は、施設でのサービスを日中のサービスと夜間のサービスに分けることで、サービスの組み合わせを選択できます。このサービスを利用する場合には、利用者一人ひとりの個別支援計画が作成され、その計画に沿ってサービスが提供されます。

　また、施設入所支援を利用する障害者は、地域移行支援の対

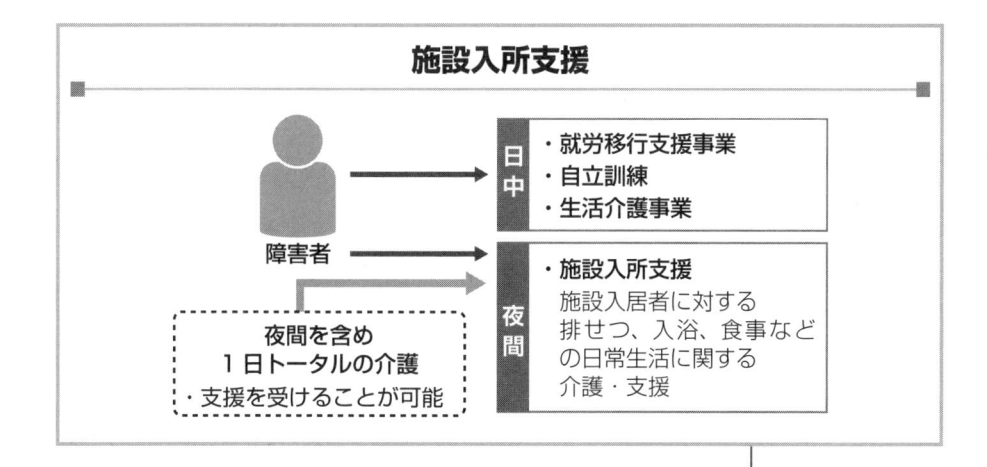

施設入所支援

日中	・就労移行支援事業 ・自立訓練 ・生活介護事業
夜間	・施設入所支援 施設入居者に対する 排せつ、入浴、食事など の日常生活に関する 介護・支援

障害者

夜間を含め
1日トータルの介護
・支援を受けることが可能

象でもあります。そのため、個別支援計画を作成する際には、地域移行も想定して作成しなければなりません。その障害者がどんな生活が適しているのか、どんな支援が必要なのかを意識して作成する必要があり、障害者本人中心の支援計画を作成することが求められています。

■ どんな人が利用できるのか

施設入所支援の利用者は、日中に就労移行支援や自立訓練を利用している人で、かつ夜間の介護を必要とする人を対象としています。常時介護などの支援が必要な障害者が該当します。

具体的な対象者は、①生活介護を受けている障害支援区分4以上の人（50歳以上の場合は障害支援区分が3以上）が利用できます。②自立訓練、就労移行支援または就労継続支援B型を受けている人で、施設に入所して訓練を行うことが必要的・効果的であると認められる人、③障害福祉サービスの提供状況などその他やむを得ない事情で通所による介護などを受けることが困難で、就労継続支援A型を受けている人などです。

施設入所支援を希望する場合は、障害福祉サービスの利用申請と異なるので注意が必要です。

> **対象者**
>
> 本文記載の対象者以外にも、2012年4月の改正児童福祉法の施行の時点で、障害児施設などに入所しており、継続して入所している者も対象に含まれている。

共同生活援助

比較的軽度な障害者の生活の場を提供する

■ 共同生活援助とはどんなサービスなのか

　共同生活援助（グループホーム）は、障害福祉サービスの中で、自立支援給付の訓練等給付にあたります。地域の中で障害者が集まって共同で生活する場を設け、サービス管理責任者や世話人を配置して生活面の支援をするサービスです。

　おもに昼間は就労継続支援や小規模作業所などのサービスを受けている知的障害者や精神障害者などを対象としています。つまり、介護サービスまでは必要ないものの、地域の中で1人で生活していくのが困難という障害者が利用するということです。障害者の場合、親や親族など支援をしていた人が亡くなったり、高齢になって支援できなくなることで、生活の場を失う恐れがあります。そのような障害者の受け皿として、グループホームの必要性は高まっています。また、障害者が社会の中で孤立することを防ぎ、安心して社会生活を送ることをサポートするという役割も担っています。

　グループホームの具体的なサービス内容は、日常生活上必要な相談を受ける、食事の提供、入浴、排せつ、金銭管理、健康管理、緊急時の対応などです。こういったサービスを直接提供するのが世話人の役目です。グループホームには居住者6人に対し1人の割合で世話人が配置されています。

　利用できる対象者は、身体障害者、知的障害者、精神障害者です。なお、身体障害者の場合は、65歳未満の人、65歳になる前に障害福祉サービスなどを利用したことがある人に限定されます。

共同生活援助の目的

本文記載の役割の他にも、障害者が共同生活を通じて心身の状態が安定することが期待されている。

共同生活援助

共同生活援助（グループホーム）

★日常生活上必要な相談の受付け、食事の提供、入浴、排せつ、金銭管理、健康管理、緊急時の対応などを行う

介護サービス包括型
⇒ 必要なサービスを基本的にグループホームで行う

外部サービス利用型
⇒ 相談や日常生活上の援助をグループホームが行い、食事や入浴などの介護は外部の居宅介護事業により行う

日中サービス支援型
⇒ 障害者の重度化や高齢化への対応に重点を置く

■ グループホームには種別がある

グループホームは、①介護サービス包括型、②外部サービス利用型、そして2018年の法改正で新たに創設された③日中サービス支援型に分類されます。介護サービス包括型は、相談や日常生活上の援助、食事や入浴などの介護を合わせて行うサービスです。一方で、外部サービス利用型は、相談や日常生活上の援助は行い、食事や入浴などの介護は外部の居宅介護事業を受ける形態です。日中サービス支援型は、障害者の重度化や高齢化に対応するために創設された形態です。日中においても常時の支援体制を確保する必要があります。

グループホームは原則として、障害者が共同で生活することを基本としています。しかし、グループホームの支援が不要となっても、支援がまったくないことで不安を抱え、なかなか自立できないといったケースもあります。そのため「サテライト型住居」が認められています。ふだんは民間のアパートなどで生活し、余暇活動や食事などは本体となるグループホームを利用する形態になります。

自立生活援助・就労定着支援

一人暮らしや就労定着の継続支援を行う

■ 自立生活援助とはどんなサービスか

自立生活援助とは、これまで施設入所支援や共同生活援助（グループホーム）の利用者となっていた人たちを対象として行われるサービスです。これまでは一人暮らしをすることが難しいと思われていた障害者が、アパートなどで一人で生活できるようにすることが目的です。そのため、自立生活援助の対象者は、障害者支援施設などを利用していた一人暮らしを希望する障害者です。

サービスの内容としては、定期的に自宅を巡回訪問したり、必要なときには随時対応することにより、障害者が円滑に地域生活を送ることができるよう、相談や助言などを行います。知的障害や精神障害で理解力や生活力が不十分であるために、一人での生活を選択できないような場合に利用されます。

このサービスが創設された背景には、深刻に進む障害者の高齢化問題への対策という意味合いがあります。今後、障害者を受け入れる施設やグループホームが不足することが想定されるため、年齢が若かったり、障害の程度が軽い人については、なるべく施設などからアパートなどに移り、地域生活を送ることができるようにすることをめざしています。そして、これによって空きの出た施設やグループホームには、高齢であったり、障害の程度が重度な人を、優先的に入所させることになります。

■ 就労定着支援で就労の変化をサポートする

就労定着支援とは、生活介護や就労移行支援などを利用して

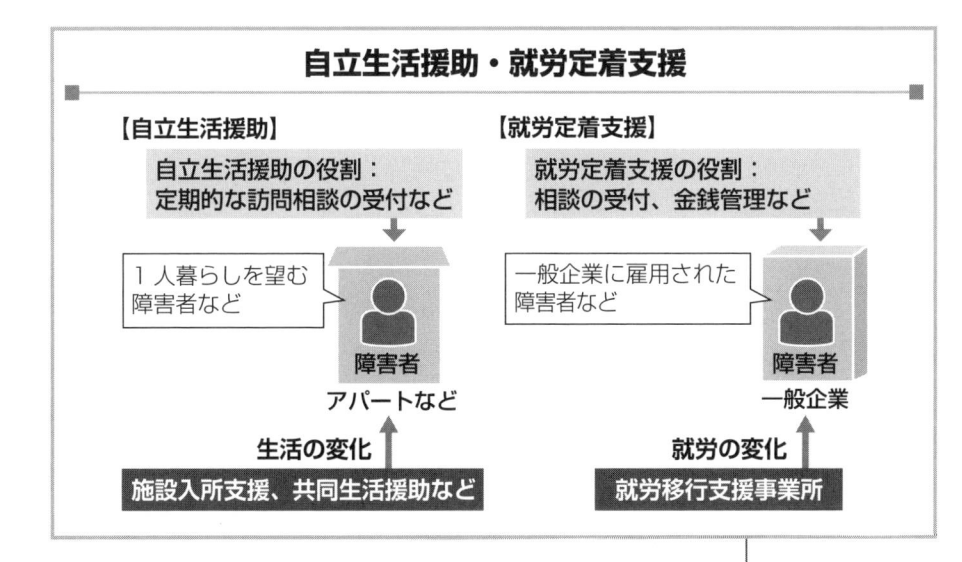

自立生活援助・就労定着支援

【自立生活援助】

自立生活援助の役割：
定期的な訪問相談の受付など

1人暮らしを望む
障害者など

障害者
アパートなど

生活の変化

施設入所支援、共同生活援助など

【就労定着支援】

就労定着支援の役割：
相談の受付、金銭管理など

一般企業に雇用された
障害者など

障害者
一般企業

就労の変化

就労移行支援事業所

一般の企業に雇用された障害者の相談を受けたり、金銭管理などの生活上の課題を支援するサービスです。雇用されている企業、医療機関などとの連絡調整役となり、就労がなかなか定着しない障害者などを支援することを目的としています。

「自立生活援助」や「就労定着支援」は、障害福祉制度のサポートから一般社会での生活への移行で起こるさまざまな負担を減らすことをめざしています。現在では、施設やグループホームから一人暮らしに移行したり、就労支援施設から新たに一般の企業に採用されるなど、障害者の社会進出は増加しています。しかし、障害福祉サービスを利用していた人が、自立した生活へ変化することは負担が大きいといえます。そういった負担から、施設生活に逆戻りしたり、退職してしまうことは、社会にとっても本人にとっても好ましいことではありません。

自立生活援助や就労定着支援は、地域社会での自立をめざすため、障害者が徐々に日常生活や就労に慣れ、安心して地域での生活ができるようにサポートする専門的機関として機能することが期待されています。

医療支援のサービス

障害の種類・程度・年齢等の事情をふまえた上で適切な医療が提供される

■ 自立支援医療とはどんなものなのか

自立支援医療とは、障害の軽減を図り、自立した日常生活や社会生活を支援するために行う医療費の公費負担制度です。

自立支援医療は、従来別々に行われてきた、身体障害児の健全な育成や生活能力の獲得を図るための医療（旧育成医療）、身体障害者の自立と社会経済活動への参加促進を図るための医療（旧更生医療）、精神障害者が入院しないで受ける精神医療（旧精神通院医療）の3つが統合されたものです。

・育成医療

実施主体は市町村、申請窓口は市町村の担当課

・更生医療

実施主体は市町村、申請窓口は市町村の担当課

・精神通院医療

実施主体は都道府県、申請窓口は市町村の担当課

経済的事情で自立支援医療が受けられないという状態を避けるため、利用負担に関して、所得に応じた細かい区分や上限額が設定されています。申請の有効期間はいずれも1年で、期間が過ぎると更新が必要になります。

育成医療・更生医療の対象は、基本的には治療により状態がよくなる見込みがある、障害者手帳を持っている障害児（者）です。育成医療の対象は18歳までで、その後は身体障害者更生相談所（身更相）の判定を経て、更生医療に切り替えて治療を続けます。精神通院医療は、状態を良くするために通院治療を続ける精神障害者が対象です。更生医療と同じく、判定を経る

自立支援医療の申請

申請には、医師の診断書や意見書、健康保険証、さらにその人にとっての妥当な利用料を設定するため、所得に関する書類が必要になる。

自立支援医療費の負担の上限額

世帯の状況	月額の負担上限
生活保護世帯	0円
市町村民税非課税世帯であり、本人収入が80万円以下の場合	2,500円
市町村民税非課税世帯であり、本人収入が80万円を超える場合	5,000円
所得に応じて課せられる市町村民税額が3万3000円未満の場合	医療保険の自己負担限度額（ただし、育成医療については5,000円が上限額）
所得に応じて課せられる市町村民税額が3万3000円以上23万5000円未満の場合	医療保険の自己負担限度額（ただし、育成医療については1万円が上限額）
所得に応じて課せられる市町村民税額が23万5000円以上の場合	公費負担の対象外（ただし、高額治療継続者については、月額2万円が負担上限額）

必要があり、その業務は精神保健福祉センターが担います。

■ 療養介護医療費とは

　障害福祉サービスを受けている者が、医療の他に介護を受けている場合に、医療費の部分について支給されるのが療養介護医療費・基準該当療養介護医療費です。

　おもに昼間、日常生活の世話や医学的管理下での介護、療養上の看護・管理、病院や施設などでの機能訓練を受ける際に療養介護医療費が支給されます。

　また、障害福祉サービス事業を提供するための事業所・施設が基準該当事業所や基準該当施設（事業所や施設について、設備・運営基準のすべてを満たしていないが、一定の基準を確保していることから、サービスの提供や施設の運営が認められるもの）の場合、基準該当療養介護医療費が支給されます。

育成医療

障害の除去や軽減ができる児童の医療費の一部を負担
する制度

■ 育成医療は障害の除去や軽減ができる児童が対象

　障害のある児童で、手術などの治療により、障害を除去する
ことや軽減することができる者もいます。しかし、障害に対す
る治療は高額になることがあり、また、長期的に治療が必要で
あることから、経済的に継続することが困難となる場合もあり
ます。そのような児童の治療を助けるため、育成医療が制定さ
れました。

　育成医療の対象となる者は、障害の除去や軽減ができる児童
です。まず、児童であるためには、18歳まででなければなりま
せん。満18歳以上になった場合には、育成医療の対象ではなく、
更生医療の対象になります。

　育成医療の対象になる児童は、児童福祉法4条2項に規定す
る障害児、あるいは、治療を行わなければ将来障害を残すと認
められる疾患がある児童です。これらの児童は、手術などの医
学的な治療により、障害の除去や軽減を確実に図れる者でなけ
ればなりません。

■ 対象となる疾病

　対象となる疾病は、医学的な治療により、除去や軽減を図れ
る疾病でなければなりません。たとえば、白内障などの視覚障
害、先天性耳奇形などの聴覚障害、口蓋裂などの言語障害、先
天性股関節脱臼など肢体不自由が対象になります。他にも、内
部障害として、心臓の弁口や心室心房中隔に対する手術で治療
できる先天性疾患や、ペースメーカーの埋め込み手術により治

育成医療

18歳未満の
障害児

手術などの治療 → 障害の
除去・軽減

長期間に渡ると大きな経済的負担に

【育成医療】
自己負担の上限額を超える分の
負担が不要になる！

市町村

療できる後天的な疾患が対象になる他、肝臓移植によって治療可能な肝機能障害、HIVによる免疫機能障害も対象になります。

　そして、育成医療の対象となる医療は、診察、薬剤、治療材料、医学的処置、手術、入院における看護などが対象になります。たとえば、先天性耳奇形、口蓋裂などに対する形成術、尿道形成や人工肛門の造設、HIVによる免疫機能障害に対する抗HIV療法などが対象になります。

■ 支給認定手続き

　育成医療を申請する者は、市町村に申請書と添付書類を提出します。申請を受けた市町村は、身体障害者更生相談所などの意見を聴き、負担上限月額の認定を行います。

　育成医療の自己負担上限月額の決定には、世帯の所得状況や高額治療継続者に該当するかなど、さまざまな要素が考慮されます。そのため、事前に市町村の担当課や医療機関のソーシャルワーカー（MSW）に相談することが勧められます。

　市町村は、自己負担上限月額の決定に際して、育成医療の支給の有効期間も決定します。有効期間は原則3か月ですが、治療が長期におよぶ場合については、1年以内になります。

更生医療

育成医療と同様に除去・軽減することができる障害の
治療の一部を負担する制度

■ 更生医療は18歳以上の身体障害者が対象

　更生医療も、育成医療と同様の制度です。治療により、障害を除去し、あるいは軽減することが確実にできるにもかかわらず、治療費が高額であることや、治療が長期にわたり、負担が大きいことから、治療を断念してしまう者は少なくありません。そのような者の負担を軽減し、治療による改善を促すため、更生医療が制定されました。

　育成医療が、18歳までの者が対象であったのですが、更生医療は、18歳以上でなければなりません。また、更生医療の対象になる者は、身体障害者でなければなりません。身体障害者とは、身体障害者福祉法4条に定義されています。

　身体障害者福祉法4条によると、身体障害者にあたるというためには、身体障害者手帳の交付が必要になります。身体障害者手帳は、市町村の窓口において申請し、交付を受けることができます。

■ 対象となる疾病

　更生医療は、身体障害者が対象であるため、障害の種別として、身体障害でなければなりません。

　そして、身体障害でも、その障害が継続するものである必要があります。これは、治療により除去・軽減することができる障害でなければならないからです。たとえば、白内障や網膜剥離などの視覚障害や外耳性難聴などの聴覚障害などがあります。

　なお、言語機能障害については、鼻咽腔閉鎖機能不全に対す

更生医療の対象者

本文記載の対象者であっても、年間の区市町村民税が23万5000円以上の世帯の者は、原則として対象外になる。育成医療や精神通院医療についても同様の取扱いになっている。ただし、障害の程度が重度で継続している者はこの限りではない。

更生医療の対象になる障害と治療例

対象になる身体障害		具体的な治療例など
視覚障害		水晶体摘出手術、網膜剥離手術、虹彩切除術、角膜移植術など
聴覚障害害		鼓膜穿孔閉鎖術、外耳形成術
言語障害		歯科矯正など
肢体不自由		関節形成術、人工関節置換術など
内臓障害など	心臓	弁口・心室心房中隔に対する手術など
	腎臓	人工透析療法、腎臓移植術など
	肝臓	肝臓移植術など
	小腸	中心静脈栄養法

る手術以外に、歯列矯正によって改善が期待できる場合には、歯列矯正も対象に含まれます。また、内部障害として、心臓の先天性疾患や肝機能障害、HIVによる免疫機能障害も更生医療の対象の障害にあたります。支給対象となる医療の内容は、診察、薬剤、治療材料、医学的処置、手術、入院における看護などです。これらのうち、医療による確実な効果が期待できるものに限られます。たとえば、白内障に対する水晶体摘出手術や、HIVによる免疫機能障害に対する抗HIV療法などです。

■ 支給認定手続き

　更生医療を利用する者は、まず、市町村に申請をしなければなりません。申請は、申請書を提出する方法によりなされます。市町村は、申請を受理すると、身体障害者更生相談所に判定依頼をします。身体障害者更生相談所は、医療の具体的な見通しや障害の程度などの事情から、申請内容の妥当性や給付の必要性を審査します。身体障害者更生相談所が判定した後、その判定をもって、市町村が支給認定をします。

精神通院医療

医療機関に通院し精神疾患を治療している者の、医療
費の一部を負担する制度

■ 精神通院医療は治療のため通院している人が対象

　育成医療や更生医療は、医学的な治療により、障害の除去や
軽減ができるなど、確実な効果が期待できる身体障害者が対象
でした。また、育成医療や更生医療の実施主体は市町村ですが、
精神通院医療の実施主体は、都道府県や指定都市であることに
も差があります。

　精神疾患は、治療による効果が出たかどうかを判断すること
が困難です。精神疾患にも医学的な治療は必要であり、治療を
継続することは、身体障害と同様に困難になることがあります。
にもかかわらず、精神疾患においては、医療費の給付が受けら
れないとすることは、不平等です。そこで、精神通院医療が制
定されました。

　精神通院医療の対象となる者は、治療のために通院している
者です。そのため、入院して治療を受ける場合は対象になりま
せん。治療のためにとは、精神疾患が発症している者の他、再
発予防で通院している者も対象となります。

　精神通院医療の対象となる疾患は、精神保健福祉法5条に規
定する11つの精神疾患です（次ページ図参照）。たとえば、「病
状性を含む器質性精神疾患」「統合失調症」「てんかん」「精神
遅滞」「小児期・青年期に通常発症する行動・情緒の障害」な
どがあります。

　このうち、高額治療継続者の対象疾患があります。先程の例
でいうと、「病状性を含む器質性精神疾患」「統合失調症」「て
んかん」があたります。高額治療継続者とは、世帯などの所得

**治療などを受け
る機関**

精神通院医療の給付の
対象になるためには、
指定自立支援医療機関
（病院、診療所、薬局な
ど）において、受けた
治療などに限られる。

精神通院医療の対象になる精神疾患

ICDコード	精神疾患
F0	病状性を含む器質性精神障害
F1	精神作用物質使用による精神・行動の障害
F2	統合失調症、統合失調型障害・妄想性障害
F3	気分障害
G40	てんかん
F4	神経症性障害、ストレス関連障害・身体表現性障害
F5	生理的障害・身体的要因に関連した行動症候群
F6	成人の人格・行動の障害
F7	精神遅滞
F8	心理的発達の障害
F9	小児期・青年期に通常発症する行動・情緒の障害

※ICDコード：「疾病及び関連保健問 題の国際統計分類」（国際疾病分類）に基づく

が一定額以上で、治療費が公費負担の対象外にあたる場合でも、高額な費用負担が継続する疾患として、治療費の一部が公費により負担される者のことです。高額治療継続者の対象疾患となる疾患は、「重度かつ継続」と認められた疾患のみです。

■ 支給認定手続き

　精神通院医療の申請は、市町村になされ、市町村を経由して、都道府県の精神保健福祉センターに申請がなされます。精神通院医療の実施主体は都道府県なのですが、育成医療、更生医療と申請手続を同様にし、利用者の便宜を図るため、このような制度になっています。

　申請を受けた精神保健福祉センターは、申請内容を審査し、判定を行います。そして、精神保健福祉センターの判定をもって、都道府県が支給認定をします。支給認定後、受領書が、市町村を経由して申請者に交付されます。

補装具等の支援

補装具等の支援

利用者が義肢などを購入した上で、費用の補助が行われる

■ 補装具等としてどんな用具が提供されるのか

補装具とは、障害者等の身体機能を補完・代替し、かつ長期間にわたって継続して使用される用具で具体的には義肢、装具、車いすなどが該当します。

障害者は、障害の程度によっては車椅子などの使用が欠かせなくなります。義肢や車椅子などの補装具は、市町村に申請することによって給付を受けることができます。この場合、市町村は、身体障害者更生相談所などの意見を聴きながら、補装具費を支給すべきか否かを審査した上で、適切であると認めた人に対して、補装具費の支給決定を行います。支給決定を受けた障害者には、補装具費支給券が交付されます。

請求方法は、利用者が補装具を購入した上で市町村の担当窓口へ自己負担額を除いた金額を請求し、市町村の支給決定によって給付金が支払われるという流れになります。具体的には、購入時点においては、補装具業者との間で、利用者が購入などの契約を結びます。その際に、補装具費支給券を提示した上で、いったん、利用者自身が購入費用を負担しなければなりません。後に、領収書に補装具費給付券を添付して、市町村に対して請求を行います。これにより、自己負担額を差し引いた金額について、償還を受けることができるという制度がとられています。これを償還払方式といいます。もっとも、市町村が利用者の状況などを考慮した上で、代理受領方式をとることも可能です。代理受領方式とは、利用者が補装具を購入する時点で、自己負担額のみを支払うことで、補装具の引渡しを受けることができ

補装具の種類

義肢
義手、義足
装具
下肢、靴型、体幹、上肢
座位保持装置
姿勢保持機能付車いす、姿勢保持機能付電動車いす、など
盲人安全つえ
義眼
眼鏡
矯正眼鏡、遮光眼鏡、コンタクトレンズ、弱視眼鏡
補聴器
高度難聴用ポケット型、高度難聴用耳かけ型、重度難聴用ポケット型、重度難聴用耳かけ型、耳あな式（レディメイド）、耳あな式（オーダーメイド）、骨導式ポケット型、骨導式眼鏡型
車いす
普通型、リクライニング式普通型、ティルト式普通型、リクライニング・ティルト式普通型、手動リフト式普通型、前方大車輪型、リクライニング式前方大車輪型、片手駆動型、リクライニング式片手駆動型、レバー駆動型、手押し型、リクライニング式手押し型、ティルト式手押し型、リクライニング・ティルト式手押し型
電動車いす
普通型時速4.5キロメートル、普通型時速6キロメートル、簡易型、リクライニング式普通型、電動リクライニング式普通型、電動リフト式普通型、電導ティルト式普通型、電導リクライニング・ティルト式普通型
座位保持いす
起立保持具
歩行器
頭部保持具
排便補助具
歩行補助つえ
重度障害者用意思伝達装置

る制度です。その際に、利用者は補装具の製作業者に対して、代理受領に関する委任状と補装具費支給券を手渡します。そし

て、後に製作業者から、市町村に対して、利用者から手渡された委任状・補装具費支給券を提示して、補装具に関する給付費に相当する金額の支払いを請求し、製作業者が、利用者に支給されるべき金額を受け取ります。

　なお、障害者の費用負担については、利用者が負担すべき額は最大でも1割とされているため、障害者は最大で、補装具を利用する費用の1割を負担することになります。利用者負担以外の部分については、公費負担になります。このうち、国が2分の1を負担し、都道府県・市町村がそれぞれ、4分の1ずつを負担します。

　ただし、所得の状況によって以下のような負担上限額が定められています。

・生活保護受給世帯：0円（障害者の自己負担なし）

・市町村民税非課税世帯：0円（障害者の自己負担なし）

・市町村民税課税世帯：3万7200円

　注意しなければならないのは、所得制限が設けられているということです。つまり、障害者本人あるいは、その障害者が含まれる世帯のうち、いずれかの人が、市町村民税所得税における納税額が46万円以上の場合には、補装具費の支給を受けることができません。

■ 補装具の要件

　補装具として認められるためには以下の3つの要件を満たしていなければなりません。

① 　障害個別に対応して設計・加工されており、身体の欠損もしくは損なわれた身体機能を補完・代替するもの

② 　同一製品を継続して使用するという条件があり、身体に装着して日常生活・就労・就学に使用するもの

③ 　医師などの診断書や意見書に基づいて使用されるもの

　具体的な補装具の種類には前ページ図のようなものがあります。

■ 補装具の借受けに対する支援

　補装具は、個別の障害者に適合するように、製作されていますので、補装具費用の支給対象になるのは、原則として、利用者が補装具を購入する場合が想定されています。しかし、以下の場合には、補装具の借受けについても、必要な費用の支給を受けることができます。

・身体の成長によって、短期間のうちに補装具の交換が必要になると認められる場合

・障害の程度が進行することが予測され、補装具の使用期間が短く、交換などが必要になると認められる場合

・補装具の購入について、複数の補装具などの比較が必要であり、借受けが適当であると認められた場合

　補装具の借受費用の支給を受ける手続きは、購入の場合の手続きと同様です。借受期間中は、毎月補装具費が支給されることになりますが、補装具費支給券については、借受期間の最初の月に、支給決定通知書と合わせて、借受期間にあたる月数分が交付されます。借受けから補装具の交換までの期間は、原則として1年間です。ただし、市町村・身体障害者更生相談所などが必要性を認めた場合には、約1年ごとに判定・支給決定を行うことで、約3年間まで、補装具の交換までの期間を伸長することができます。

　借受期間の終了にあたっては、利用者は、補装具について購入可能であるのか、あるいは継続して、借受けによる給付を希望するのかを選択することができます。この際には、再び市町村による支給決定の手続きが必要になりますので、改めて身体障害者更生相談所による判定を受けなければなりません。

　なお、現在のところ、借受けの対象になる補装具には、①義肢・装具・座位保持装置の完成用部品、②重度障害者用意思伝達装置、③歩行器、④座位保持椅子の4種類があります。

相談支援のサービス

相談支援事業者に相談し、利用計画を作成する

■ 計画相談支援とはどんなものなのか

障害福祉サービスの支給申請を行った障害者や障害児の保護者は、市町村長の指定を受けた指定特定相談支援事業者（240ページ）から相談支援を受ける事業者を選ぶことができます。指定特定相談支援事業者は障害者・障害児やその家族などからの就学・就職・家族関係といった基本的な相談をはじめ、計画相談支援サービス利用に関する相談などを受け付けています。指定特定相談支援事業者が、計画相談支援サービス利用に関する相談を受け付けると、指定特定相談支援事業者に在籍する相談支援専門員が面接、アセスメント（現在の状況や問題点を解決するための課題について調査すること）などを実施してサービス等利用計画を作成します。

計画相談支援の
窓口

計画相談支援は、市町村の指定特定相談支援事業者や、指定障害児相談支援事業者が窓口になる。

■ 計画相談支援給付費とは

計画相談支援給付費とは、指定特定支援事業者がサービス等利用計画案の作成や計画の見直しを行った場合に支給される費用のことです。計画相談支援給付費は、障害者総合支援法上、サービスの利用者に支給されると規定されています。支援内容は、サービス利用計画の作成と、障害福祉サービス提供事業者あるいは施設からのサービスの利用のあっせん・調整・モニタリング（156ページ）です。

計画相談支援給付費の給付を受けるためには、指定相談支援事業者が国民健康保険連合会に対して請求し、障害福祉サービスの利用者に代わって受領します（代理受領）。

計画相談支援給付費支給の流れ

利用者 →（サービス利用計画の作成依頼）→ 相談支援事業者 →（計画相談支援給付費の請求）→ 市町村

利用者 ←（サービス利用計画の作成支援）← 相談支援事業者 ←（計画相談支援給付費の支給）← 市町村

■ 地域相談支援給付費とはどんなものなのか

　地域相談支援給付費とは、都道府県・指定都市・中核市の指定を受けた「指定一般相談支援事業者」が地域移行支援・地域定着支援を行った際に支給される給付のことです。給付を希望する利用者は、氏名・居住地・生年月日・連絡先、地域相談支援の具体的内容を記載した申請書を市町村に提出し、申請を受けた市町村が地域相談支援給付費の支給の要否を決定します。

・地域移行支援

　地域移行支援とは、施設に入所中の障害者などが地域における生活に移行できるように必要な住居の確保などの支援のことです。

　支援の対象者は、施設などに入所している障害者や障害児です。また、地域移行支援は刑事施設・少年院に入所している障害者や生活保護法の更生施設に入所している障害者も利用が認められています。

・地域定着支援

　地域定着支援とは、居宅で生活する障害者に対して行う常時の連絡体制の確保など、緊急の事態等に相談やその他の支援のことです。支援の対象者は、居宅において障害者の家族等による緊急時の支援が見込めない状況にある者です。

地域生活支援事業

多くは市町村が行うが、一部の広域的な支援は都道府県が行う

■ 地域生活支援事業とは

地域生活支援事業とは、市町村や都道府県などが、地域に居住する障害者に対して障害の程度などに応じて柔軟に必要な支援を行う事業です。

障害福祉サービスには、自立支援給付があり、自立支援給付は、「それぞれの障害者にとって必要なサービスとはどのような内容か」という観点に重点が置かれています。これに対して、地域生活支援事業では、「その地域で提供できるサービスはどの程度の内容か」という点が重視されています。障害者がさまざまなサービスを希望していたとしても、実際には、サービスに必要な施設や職員の数には限界があります。1人の障害者のニーズに応えて、他の障害者のニーズを軽視するようなことがあってはなりません。そこで、地域生活支援事業により、地域の財政などの実情を考慮して、効率的により多くの障害者のニーズに適したサービスの提供が実施されています。また、広域的な取り組みが可能であることも、地域生活支援事業の特徴といえます。個別の障害者に対する支援では不十分であった支援についても、さまざまな機関への委託などを行うことで、緊急な事態にも対応できる弾力性を持っています。

■ 市町村が行う地域支援事業

必ず実施しなければならない必須事業と任意に行うことができる任意事業があります。

市町村の必須事業には、①理解促進研修・啓発事業、②自発

地域生活支援事業と自立支援給付の関係

的活動支援事業、③相談支援事業、④成年後見制度利用支援事業、⑤成年後見制度法人後見支援事業、⑥意思疎通支援事業、⑦日常生活用具給付等事業、⑧手話奉仕員養成研修事業、⑨移動支援事業、⑩地域活動支援センターがあります。市町村が行う地域生活支援事業のおもな事業内容は、以下のとおりです。

・理解促進研修・啓発事業

地域住民に対して、障害者に対する理解を深めるための事業です。たとえば、障害の特性に関する教室の開催や、障害福祉サービス事業所への訪問などの各種イベントの開催などが挙げられます。

・自発的活動支援事業

障害者やその家族などが、自発的に行う活動を支援する事業です。障害者・家族が共通して抱える悩みなどを相談し合う交流会（ピアサポート）や、障害者を含む地域全体の災害対策、障害者の孤立防止に向けた地域の活動などが挙げられます。

・相談支援事業

障害者や障害者の保護者などからの相談に応じて、市町村は障害者支援について必要な情報を提供しています。

・成年後見制度利用支援事業

精神上の障害によって判断能力が不十分な人のために、市町

専門性の高い相談支援事業

本文記載の事業の他に、地域生活支援事業費等補助金により実施する、障害者就業・生活支援センター事業も挙げられる。

村が行う成年後見制度の利用を支援する事業に対して、助成を行うことによって、成年後見制度の利用を促す事業です。

・意思疎通支援事業

視覚や聴覚に障害があるために通常の人よりコミュニケーションがとりにくくなっている人を支援する事業です。

・日常生活用具給付等事業

障害者が自立した生活を営むために用具を給付や貸し出しを行う事業です。

・移動事業

障害者が屋外での移動を円滑に行えるように、障害者のニーズに応じてサポートする事業です。具体的な支援の方法としては、障害者に対して個別に対応する個別支援型、複数の者が同じ目的で移動する際に行うグループ支援型、バスなどを巡回させて送迎支援を行う車両支援型があります。

・地域活動支援センター

地域活動支援センターとは、障害者に社会との交流を図る機会や生産活動を行う機会を提供するための施設です。障害を持つ人が地域で自立して生活をすることを可能にするために、利用者や地域の状況に応じて柔軟に事業を運営していくことを目的としています。地域活動支援センターを通じて、障害者は自立した日常生活や社会生活を送る上での援助を受けることができます。

■ 都道府県が行う地域生活支援事業

都道府県は、障害者を支援する事業の中でも専門的知識が必要とされる事業や、市町村ごとではなく広域的な対応が必要な事業を実施しています。市町村事業と同様に、都道府県事業についても必須事業と任意事業があります。必須事業としては、以下の事業があります。

・専門性の高い相談支援事業

支援事業について

市町村の支援事業
- ・相談支援
- ・市町村に基幹相談支援センターを設置
- ・成年後見制度利用支援
- ・地域活動支援センター
- ・日常生活用具の給付
- ・移動支援
- ・手話通訳などコミュニケーション支援
- など

都道府県の支援事業
- ・相談支援体制整備事業
- ・相談支援事業
- ・福祉ホーム事業
- ・情報支援事業
- ・障害者IT総合推進事業
- など

発達障害者やその家族に対しての相談支援、高次脳機能障害に対する人材育成や情報提供・啓発活動、障害者の雇用促進に関する活動があります。

・人材の養成・研修事業

手話を使いこなすことができる者の育成、盲ろう者向け通訳や介助員の養成、障害福祉サービスの管理を行う者の養成などを行います。

・専門性の高い者の派遣・連絡調整事業

手話通訳者、要約筆記者、触手話、指点字を行う者の派遣、市町村相互間での連絡調整に関する事業です。

・広域的な支援事業

市町村域を越えて広域的な支援を行います。具体的には、地域のネットワークの構築、専門知識を必要とする障害者支援システムの構築に関する助言、広い地域にまたがって存在している課題の解決のための支援などがあります（相談支援体制整備事業）。

また、精神障害者の地域移行・生活支援の一環として、アウトリーチ（多種職チームによる訪問支援）を行うとともに、アウトリーチ活動に関して関係機関との広域的な調整などを行います（精神障害者地域生活支援広域調整等事業）。

> **専門性の高い相談支援事業**
>
> 具体的に、都道府県は以下の事業を行う。
> ・居宅で日常生活を営む障害児への療養支援・発達障害者支援センターの設置・運営

相談支援事業

さまざまな助言や必要な情報の提供などの支援をする

■ どんなサービスなのか

相談支援事業は、障害者が障害福祉サービスについての情報など必要な情報や助言を受けることができる事業です。

障害者が、障害福祉サービスを適切に受けるためには、さまざまな情報を得て、適切な判断をする必要があります。しかし、障害者を対象とした福祉サービスを受けようとしても、どのようなサービスがあるのかをすべて把握することは簡単ではありません。また、サービス内容を把握することができたとしても、実際に各障害者にとってどのサービスが最適であるのかを判断するための適切な知識を習得することは容易ではありません。そこで、障害者や障害者の保護者などからの相談に応じて、市町村は障害者支援について必要な情報を提供しています。

■ サービスの具体的内容

相談支援事業の具体的な内容は、以下のように分類できます。

① 障害者相談支援：障害者福祉に関するさまざまな問題について、必要な情報の提供をはじめ、障害福祉サービスの利用を支援したり、権利擁護のために必要な援助を行います。

② 計画相談支援・障害児相談支援：サービスなど利用計画の作成や、計画の見直しなど、必要な相談や助言を行います。

③ 地域移行支援・地域定着支援：入所施設から対処する者や家族との同居から一人暮らしに移行した者が地域生活を継続できるよう相談や助言を行います。

④ 住宅入居等支援事業：一般住宅の入居希望者に、入居に必

相談支援事業の目的

地域ごとに異なる事情に合わせて、効率的に障害福祉サービスの利用を促すことで、障害者・障害児の自立した日常生活・社会生活を支援することを目的としている。

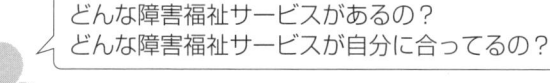

相談支援事業

> どんな障害福祉サービスがあるの？
> どんな障害福祉サービスが自分に合ってるの？

障害者 ← **相談支援事業** → 市町村

- ① 障害福祉に関する情報の提供・利用支援、権利擁護のための支援
- ② サービス利用計画の作成、計画の見直しなどに関する相談・助言
- ③ 地域移行支援・地域定着支援
- ④ 住宅入居等支援事業
- ⑤ 成年後見制度利用支援事業

要な調整などの支援や、家主への相談・助言を行います。

⑤　成年後見制度利用支援事業：成年後見制度の利用促進を図るため、必要な相談や助言を行います。

　相談支援事業は、市町村で実施されます。市町村は、障害者などからの相談をもとに、必要な情報の提供や、その障害者にとって必要だと考えられる障害者支援事業の紹介などを行います。また、障害者に対する虐待の相談を受けた場合には、障害者の保護も行います。なお、悩みを持つ障害者やその家族同士が集まり、お互いに話し合ったり情報交換することを目的とした集団カウンセリング（ピアカウンセリング）を実施することもあります。

　相談支援専門員は、障害者からのさまざまな相談を受け付け、助言や連絡調整を行う他、障害福祉サービスの利用に必要なサービス等利用計画を作成します。障害福祉サービスが開始すると、一定期間ごとにモニタリングを行います。その際、心身の状況や生活環境の変化を見極め、必要に応じて計画の見直しを行います。

■ 地域自立支援協議会や基幹相談支援センターの役割

相談支援事業をより充実したものとするため、機関の連携を取るためのしくみ

■ 地域自立支援協議会とは

　市町村は、相談支援事業の実施にあたって、地域自立支援協議会を設置して、関係機関の連携の強化を図ることができます。相談支援事業を効率的に実施するためには、地域の中で障害者支援についての情報交換をすることが必要です。しかし、各事業者が連絡をとり、情報交換をすることは容易ではありません。そこで、地域自立支援協議会は関係機関相互に情報を共有させるという役割を担っています。利用者のニーズに対応するために、機関同士をネットワーク化し、必要な情報をもとに支援を行います。市町村は、必要に応じて他の市町村と連携して相談支援事業を実施することもできます。

　また、各事業者や関係機関は、地域自立支援協議会を通じて、保健・医療・福祉・教育・就労などのさまざまな分野が、それぞれどのような専門性を有しているかについて、認識を共有することができます。

■ 基幹相談支援センターとは

　市町村は、相談支援事業をはじめとする事業を総合的に行うための基幹相談支援センターを設置することができます。基幹相談支援センターは、地域における相談支援サービスの実施において中心的な役割を担います。

　基幹相談支援センターは、①総合相談・専門相談、②地域移行・地域定着、③地域の相談支援体制の強化の取り組み、④権利擁護・虐待防止の4つの業務を行っています。

地域自立支援協議会・基幹相談支援センター

地域自立支援協議会
※現在の名称は「協議会」

〔目的〕
事業者などの関係機関の
ネットワーク化

↓ **情報交換**

保健・医療・福祉・教育・就労
など、各分野の専門性に関係
する認識を共有

**運営を
委託**

基幹相談支援センター

地域における相談支援サービス
の中で中心的な役割を担う

（具体的な業務）
①総合相談・専門相談
②地域移行・地域定着
③地域の相談支援体制の
　強化の取り組み
④権利擁護・虐待防止

① 総合相談・専門相談は、身体障害、知的障害、精神障害の3障害に対して行われる総合的な相談です。そのため、総合相談・専門相談を行う基幹相談支援センターは3障害に対応できる事業者でなければなりません。

② 地域移行・地域定着は、たとえば、入所施設や精神科病院と連携をとり、障害者の地域での生活を推進する事業を行います。

③ 地域の相談支援体制の強化の取り組みには、たとえば、社会福祉士などの有資格者や、障害者の地域での生活を支援する人材の育成などがあります。

④ 権利擁護・虐待防止は、成年後見制度利用支援事業や、障害者虐待防止法に基づき関係機関と連携をとって行う事業を指します。事業の推進にあたって、市町村障害者虐待防止センターを設置することもできます。

なお、障害者支援事業や基幹相談支援センターの業務については、市町村が一般相談支援事業か特定相談支援事業（基本相談支援と計画相談支援の両方を行う事業のこと）を行うことができる事業者に委託することもできます。

成年後見制度利用支援事業

成年後見制度の利用促進に関する支援制度

■ 成年後見制度利用支援事業とは

　知的障害者や精神障害者は、自分で物事を判断する能力を完全に失っていたり、あるいは不十分である場合も少なくありません。民法は、判断能力を失っていたり、不十分な人を支援するために、成年後見制度を用意しています。成年後見制度は、対象者の判断能力の程度に応じて、家庭裁判所の審判を経て、後見人、保佐人、補助人のいずれかが選任されて、対象者の権利を守る制度です。成年後見制度を利用するには、本人や配偶者、一定の範囲内の親族などが家庭裁判所に申し立てる必要があるため、重要な制度であるにもかかわらず、あまり活用されてきませんでした。

　そこで、成年後見制度の利用促進をめざして行われる支援が、成年後見制度利用支援事業です。障害者総合支援法において、市町村が担当する地域生活支援事業として、規定されています。都道府県も市町村と協力の上で、援助に関わっています。

　判断能力が不十分な人が適切な福祉サービスの提供等を受けるためには、必要な契約を結ばなければならないことから、成年後見制度を利用できることが大きな意味を持ちます。成年後見制度利用支援事業が整備されたのは、成年後見制度の利用にかかる費用を補助し、経済的理由などによって、成年後見制度の利用が妨げられないようにすることが最大の目的だといえます。

　成年後見制度利用支援事業は、知的障害者・精神障害者のうち、成年後見制度を利用することが、日常生活などにおいて有用であると考えられる障害者を対象としています。また、成年

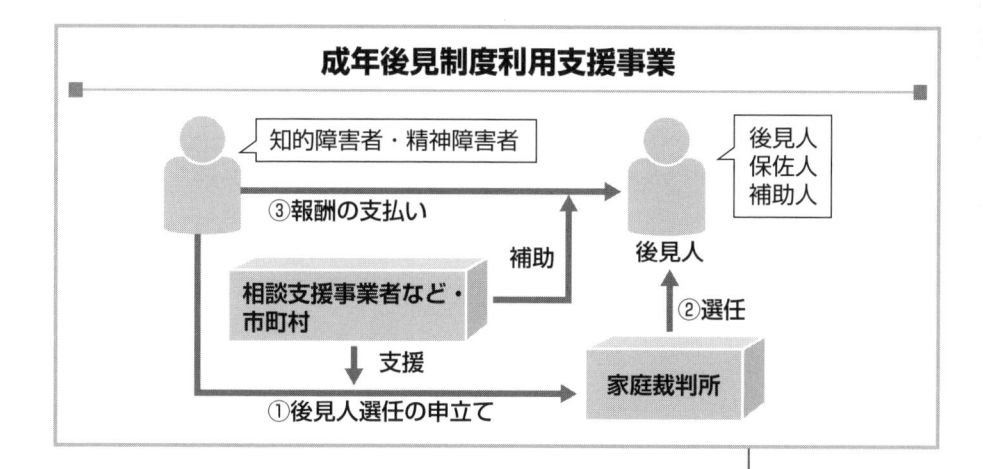

成年後見制度利用支援事業

知的障害者・精神障害者

後見人
保佐人
補助人

③報酬の支払い

補助　　　後見人

相談支援事業者など・市町村

②選任

支援

家庭裁判所

①後見人選任の申立て

後見制度の利用に必要な経費について、補助を受けなければ成年後見制度の利用が困難であると認められる障害者でなければなりません。たとえば、生活保護を受給している者や、障害者を含む障害者と同じ世帯の者全員が住民税非課税者である場合などが挙げられます。

　具体的な支援の内容は、成年後見制度を利用する際に、登記や鑑定にかかる費用などについて、全部あるいは一部が補助されます。具体的な手続きの流れとして、市町村は、障害者の家族や検察官などが、各種後見人の選任を家庭裁判所に申し立てるのに必要な費用を補助します。相談支援事業者や市町村が、成年後見制度利用支援の対象者を発見した場合、市町村が後見人の選任を、家庭裁判所に申し立てることもあります。

　家庭裁判所により成年後見制度の利用が認められ、後見人、保佐人、補助人が選任された場合、障害者はこれらの人に対し報酬を支払わなければならないことがあります。成年後見制度利用支援事業は、後見人などに対する報酬についても補助を受けることが可能です。なお、地域生活支援事業として行われている成年後見制度利用支援事業については、国も国庫に基づく補助を行っています。

その他の支援の内容

本文記載以外にも、市町村によっては、後見開始の審判の要件を緩和したり、あるいは、成年後見制度の対象者を拡大するなどの事業が展開されている。

意思疎通支援事業

障害者とのコミュニケーションを円滑に測るための支援を行う

■ 意思疎通支援事業とは

意思疎通支援事業とは、障害者とその他の者の情報の交換や意思の伝達などの支援を行う者の養成・派遣などを行う事業です。点訳、代筆・代読などの方法により、障害者同士や、健常者との意思疎通をサポートするための事業を内容としています。障害者総合支援法において、地域生活支援事業の必須事業として、市町村と都道府県の役割分担が明確化されています。

意思疎通支援事業は、聴覚、言語機能、音声機能、視覚機能の障害者だけでなく、失語症、高次脳機能障害、知的・発達障害者、ALSなどの難病患者を対象に含みます。

意思疎通を支援する手段は、手話通訳や要約筆記の他に、盲ろう者への触手話や指点字、視覚障害者への代読や代筆、重度身体障害者へのコミュニケーションボードによる意思の伝達など、多様です。なお、手話は、障害者基本法で言語に位置付けられており、障害者とのコミュニケーションにおける手話の重要性が示されています。

■ 市町村・都道府県における必須事業

意思疎通支援事業において、市町村が取り組む必須事業は以下のとおりです。

・意思疎通支援者の養成

具体的には、手話奉仕員の養成を行います。手話奉仕員とは、手話を用いて、障害者とコミュニケーションを図る人を指します。

・手話通訳者と要約筆記者の派遣

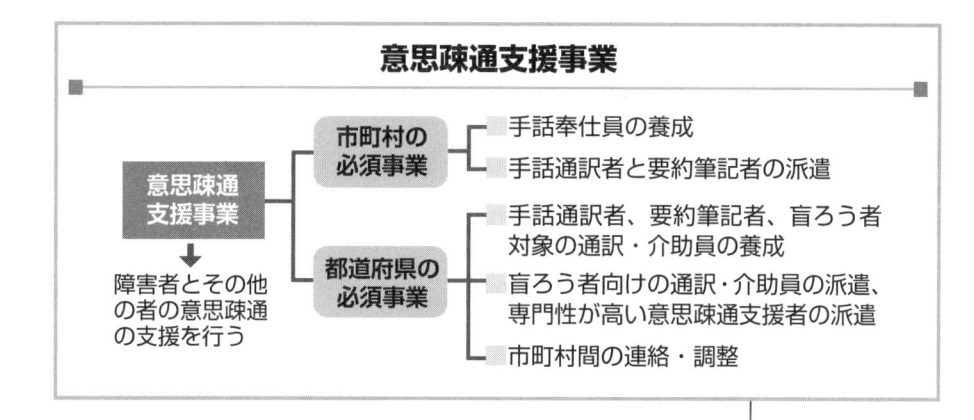

意思疎通支援事業

意思疎通支援事業 → 障害者とその他の者の意思疎通の支援を行う

- 市町村の必須事業
  - 手話奉仕員の養成
  - 手話通訳者と要約筆記者の派遣
- 都道府県の必須事業
  - 手話通訳者、要約筆記者、盲ろう者対象の通訳・介助員の養成
  - 盲ろう者向けの通訳・介助員の派遣、専門性が高い意思疎通支援者の派遣
  - 市町村間の連絡・調整

　市町村は、手話通訳者と要約筆記者の派遣事務に取り組まなければなりません。手話通訳者とは、手話を通じて、障害者と障害のない人との間のやり取りを支援する者のことです。そして、要約筆記者とは、おもに聴覚障害者を対象に、手書きやパソコンなどを利用して、「話し」の内容を要約した上で、情報を障害者に伝える者のことです。

　都道府県においては、以下の事業について必須事業として取り組まなければなりません。

・手話通訳者、要約筆記者、盲ろう者対象の通訳や介助員の養成

　手話通訳者・要約筆記者を養成するとともに、盲ろう者を対象に、盲ろう者が伝えたい内容を的確に把握し、盲ろう者が他者と円滑にコミュニケーションを図ることができるよう支援する人を養成します。

・支援者の派遣

　盲ろう者向けの通訳・介助員の派遣の他、複数の市町村の住民が参加する講演などにおける、高い専門性が要求される意思疎通支援者の派遣を行います。

・市町村相互間の連絡調整

　意思疎通支援者の派遣に関する、市町村相互間の連絡・調整を図ります。

日常生活用具給付等事業

障害者の日常生活を円滑にするための用具の支給や貸
与を行う

■ 日常生活用具給付等事業とは

　障害者が日常生活を送るために、障害の種類に応じて用具が必要になることがあります。このようなニーズに応えて、障害者が自立した生活を営むために用具を給付する事業のことを日常生活用具給付等事業といいます。給付する日常生活用具は、①安全で実用性があり、簡単に使用できる物であること、②障害者の自立と社会参加を促進する物であること、③用具の開発に障害に対する専門知識や専門技術が必要で、日常生活品として普及していない物である、という条件を満たす用具です。

　給付を受けるためには、障害者が市町村長に申請し、市町村の給付決定を受ける必要があります。もっとも、市町村により申請手続の詳細や、給付される用具の上限額・品目・自己負担額の割合などが異なりますので、あらかじめ市町村窓口で、自己負担額等を調べておくことが必要です。

■ 給付・貸与される用具などに関して

　日常生活用具給付等事業により、障害者に給付・貸与されるおもな用具は、次ページ図のようになっています。それぞれの用具の対象者は、おもに以下のように分類できます。

① 介護・訓練支援用具

　障害者の身体介護を支援する必要がある、下肢あるいは体幹機能に障害がある人が対象です。

② 自立生活支援用具

　障害の内容に合わせて、下肢あるいは体幹機能の障害、平衡

障害者に給付・貸与されるおもな用具

介護・訓練を支援する用具	入浴担架・特殊寝台・訓練イス・特殊尿器
自立生活支援用具	入浴補助用具・頭部保護帽・棒状の杖・聴覚障害者用屋内信号機
在宅療養等支援用具	電気式たん吸引器・盲人用体温計・酸素ボンベ運搬車・透析液加温器
意思疎通支援用具	点字器・盲人用時計・視覚障害者用携帯レコーダー
排泄管理支援用具	ストーマ用装具
居住生活動作補助用具	スロープ

機能あるいは下肢・体幹機能の障害、上肢障害、視覚障害、聴覚障害がある人を対象に、必要な用具などが支給されます。なお、火災警報器などは、障害の種別に関係なく、火災発生を感知したり避難することが困難な人に支給されます。

③ **在宅療養棟支援用具**

腎機能障害や呼吸器機能障害がある人や、在宅酸素療法者、視覚障害がある人に必要な用具などが支給されます。

④ **情報・意思疎通支援用具**

音声機能言語機能障害、上肢機能障害・視覚障害、盲ろう、聴覚障害がある人や、喉頭摘出者、外出困難者などを対象に必要な器具が支給・貸与されます。

⑤ **排泄管理支援用具**

ストーマ造設者が対象になります。その他の用具などについては、高度の排便機能障害者、脳原性運動機能障害がある意思表示困難者、高度の排尿機能障害者に対して必要な用具が支給されます。

⑥ **居宅生活動作補助用具**

下肢、体幹機能障害、乳幼児期非進行性脳病変者が対象です。

ストーマ

ストーマとは、手術により人工的に作られた便や尿を排せつするための出口をいう。

障害者総合支援法の居住サポート事業

一般住居への入居などを支援する事業

■ 居住サポート事業とは

　賃貸住宅への入居が困難な障害者を対象に、市町村が主体になって、居住サポート事業を行っています。通常、賃貸住宅に入居するときには、保証人を立てたり、保証金や敷金の支払いを求められることが多いのが現状です。安定した収入や就職につながる資格を持っている人であれば、賃貸住宅への入居の際にそれほど困ることはないのですが、精神障害者や知的障害者など障害を持っている人の場合、「保証人がいない」などの理由で入居先がなかなか見つからないという問題が起こる可能性が高くなります。そこで、障害者総合支援法でも障害者の地域での居住を支援するさまざまなサービスを提供しています。

　そのため、居住サポート事業の利用対象者は、賃貸借契約を締結して一般住宅に入居希望しているものの、身近に保証人になってもらえる人がいない障害者です。現在、障害者施設や児童福祉施設などに入所している人は、対象から除かれます。また、精神障害のために、精神科病院に入院している人も対象外です。

■ 具体的な支援の内容

　居住サポート事業は、地域生活支援事業として、原則として市町村が実施します。具体的な支援内容は、おもに以下の2つに分類することができます。

① 一般住宅への入居支援

　この事業は、賃貸借契約による一般住宅への入居を希望しているものの、保証人がいないなどの理由によって入居が困難に

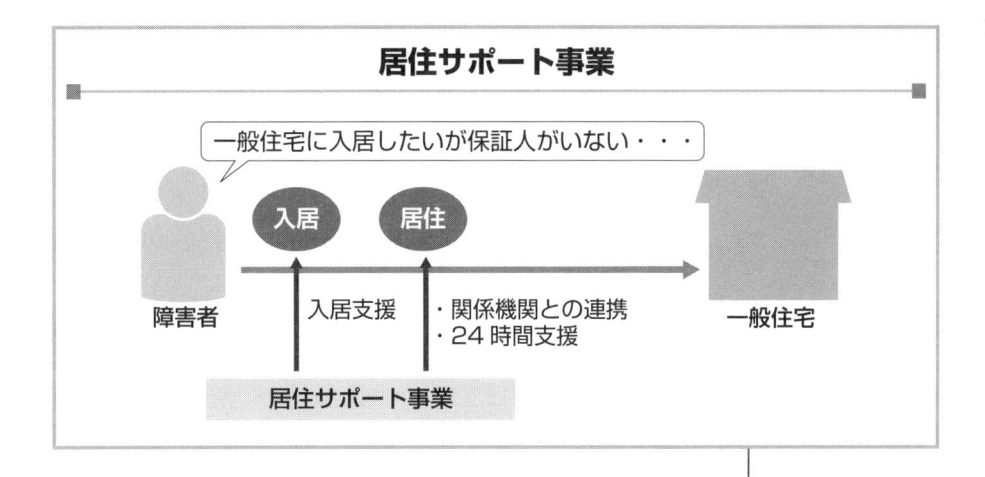

居住サポート事業

一般住宅に入居したいが保証人がいない・・・

入居　居住

障害者　入居支援　・関係機関との連携
・24 時間支援　一般住宅

居住サポート事業

なっている障害者に対して、入居契約の締結に向けた支援を行います。具体的には、市町村もしくは市町村から委託を受けた指定相談支援事業者が、不動産業者に対する障害者への物件あっせんの依頼や、入居手続きの支援、家主等に対する相談・助言、入居後の相談窓口を設けるなどの支援を行います。

② 関係機関との連絡体制の整備など

利用者が住居において生活していく上で直面する問題に対応するために、関係機関との連絡体制を整備するなどの支援を行います。たとえば利用者が、ホームヘルパーや訪問看護などの利用が必要になった場合に備えて、直ちに必要なサービスの提供が可能なように、連絡調整を行っておく必要があります。

また、「24時間支援」と呼ばれる支援が特に重要です。これは夜間を含め、緊急な対応が必要になる場合に備えて、迅速に必要な治療などが受けられるように医療機関との連携・調整を行う事業です。家族等への必要な連絡体制の整備にも取り組んでいます。

なお、国土交通省は、障害者の他に高齢者、子育て世帯や外国人の賃貸住宅への入居を支援する「あんしん賃貸支援事業」を実施しており、居住サポート事業との連携が図られています。

> **入居支援**
>
> 賃貸借契約において、公的な保証人制度が利用可能である場合には、公的保証人制度の利用支援も、入居支援の一環として含まれる。

障害児に対するサービス

児童に対しても入所・通所の支援サービスが行われる

■ 児童の通所・入所に関するサービス

　障害者総合支援法が規定する各種サービスでは、介護給付に含まれる居宅介護、同行援護、行動援護、重度障害者等包括支援、短期入所については、障害児も利用することが可能です。その他にも、自立支援医療や地域生活支援事業なども、障害児が対象に含まれていますが、それら以外のサービスについては、18歳以上の障害者を対象にしており、障害者総合支援法のみでは、障害児に対するサービスが不十分です。そのため、現在では、障害児の通所・入所に関係するサービスについては、児童福祉法に一元化され、サービスが体系化されています。

　具体的には、通所サービスは市町村が実施主体であり、児童発達支援、医療型児童発達支援、放課後等デイサービス、居宅訪問型児童発達支援、保育所等訪問支援があります。これに対して、入所サービスについては都道府県が実施主体であり、福祉型障害児入所施設と医療型障害児入所施設があります。

　通所サービス・入所サービスともに、サービスの給付決定を受けた場合、障害児の保護者が事業者や施設との間で契約を結び、各種サービスの利用が開始されます。そして、サービスに必要な費用について、各種給付費などが保護者に支給されます。

　なお、保護者が急死した場合など、各種給付費などの支給を受け取ることが困難な事情がある場合、市町村が、措置として障害児に対して通所サービスを提供することが可能です。同様に、入所サービスについても、支給費を受け取ることが困難な場合には、都道府県は、その障害児について、要保護児童であ

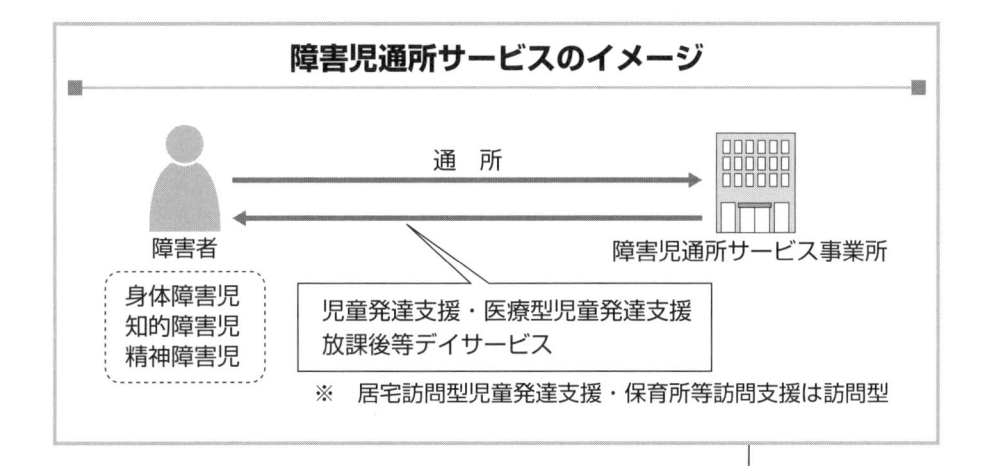

障害児通所サービスのイメージ

通　所

障害者

障害児通所サービス事業所

身体障害児
知的障害児
精神障害児

児童発達支援・医療型児童発達支援
放課後等デイサービス

※　居宅訪問型児童発達支援・保育所等訪問支援は訪問型

るとして、保護のための入所措置がとられることになります。

■ 障害児通所支援

　障害児通所支援とは、障害児にとって身近な地域で支援を受けられるようにするための支援で、地域の障害児・その家族を対象とした支援や、保育所等の施設に通う障害児の施設に訪問するといった支援です。

　具体的なサービスには以下のものがあります。

① 児童発達支援

　身体に障害のある児童、知的障害のある児童、精神に障害のある児童（発達障害児を含む）に対して、日常生活における基本的な動作の指導、知識技能の付与、集団生活への適応訓練などを行います。児童発達支援の対象は、おもに未就学児童が想定されています。

　児童発達支援を担当するのは、おもに児童発達支援センターです。ただし、他の事業所が、通所している障害児や家族に対して療育・支援を行うことも可能です。児童発達支援センターは、障害児やその家族に対して、通所サービスを提供するとともに、その地域で生活する他の障害児・家族、障害児の預かり

を業務として行っている事業者に対して、援助やアドバイスも行っています。児童発達支援事業については、発達障害、知的障害、肢体不自由、難聴、重症心身障害など、特定の専門領域に絞って支援などを行うことも許されています。

② 医療型児童発達支援

医療型児童発達支援とは、児童発達支援において提供される支援の他に、治療などの医療サービスが提供される支援です。たとえば、肢体不自由がある児童に、日常生活における基本的な動作や指導などとともに、障害の治療を行います。

③ 放課後等デイサービス

放課後等デイサービスとは、学校教育との相乗効果により、障害児の自立の促進をめざして、放課後の他、夏休みなどの長期休暇を利用して提供される、各種訓練などの継続的なサービスです。放課後等デイサービスの対象になるのは、幼稚園や大学以外の学校教育法上の学校に就学している障害児です。もっとも、放課後等デイサービスを引き続き受ける必要が認められる場合、満20歳になるまで、放課後等デイサービスを受けることができます。サービスの内容は以下のとおりです。

・自立した日常生活を送る上での必要な訓練の実施
・創作的な活動、各種作業など
・地域との交流の場を持つための機会を提供すること
・余暇の提供

放課後等デイサービスが円滑に利用できるためには、学校との連携や協働が必要です。そこで、学校教育と放課後等デイサービスが一貫して実施されるように、たとえば、学校と事業所との間の送迎サービスなども提供されています。

④ 居宅訪問型児童発達支援

居宅訪問型児童発達支援とは、通所サービスを受けるために外出することが困難な障害児に対して、障害児の居宅に訪問する形態で行うサービスです。

障害児入所支援のイメージ

障害児入所支援事業所

福祉型障害児入所施設
⇒重度・重複障害や被虐待児への対応、
　地域生活移行に向けた支援

医療型障害児入所施設
⇒福祉型でのサービス＋医療サービス
（知的障害児、肢体不自由児、重症心身障害児が対象）

障害者

身体障害児
知的障害児
精神障害児

※各種手帳の有無などは問わず、児童相談所や医師の
判断で、支援の対象に含めるべきだと判断された児
童も対象に含む

　対象に含まれる障害児は、重度の障害などにより、障害児通所サービスを利用するために外出することが著しく困難な障害児です。具体的には、人工呼吸器をはじめ、日常生活において特別な医療が必要な障害児や、疾病が原因で、外出により感染症にかかるおそれがある障害児などが挙げられます。したがって、送迎が困難であることから通所型のサービスの利用が難しいなど、障害児の心身の状態以外の理由により、居宅訪問型児童発達支援を利用することはできません。居宅訪問型児童発達支援の提供に先立って、障害児相談支援事業所において、個別の障害児が、居宅訪問型児童発達支援の適正な対象者であるのかを確認するしくみがとられています。

　具体的に提供されるサービスは、絵・写真を用いた言語に関する活動や日常生活に必要な基本的な動作の訓練など、児童発達支援や放課後等デイサービスと同様のサービスが、障害児の居宅において提供されます。また、居宅訪問型児童発達支援を利用する障害児は、基本的に体調などが一定ではなく、サービ

スに関わる活動が負担になる場合も少なくないことから、サービスの提供は1週間あたり2日程度が適切だと考えられています。ただし、利用者が、通常の通所型のサービスへの移行の見込みがある場合には、移行に向けた支援として、集中的に居宅訪問型児童発達支援のサービスを提供することも可能です。

⑤　**保育所等訪問支援**

　保育所等訪問支援とは、保育所などの集団生活が必要な施設において、障害児が適応することができるように行う支援です。つまり、専門的な支援を行うことにより、障害児が保育所などを安定して利用する上で必要なサービスを提供します。対象に含まれる障害児は、保育所、幼稚園、認定こども園など集団生活が必要な施設を利用している障害児が対象になります。集団生活への適応という観点から、保護の要否が判断されますので、発達障害児などを対象に提供されることが多いといえます。訪問先については、保育所などの他に、小学校、特別支援学校、乳児院、児童養護施設などが挙げられます。

　具体的なサービスの内容としては、訪問先の施設において、障害児とその他の児童が集団生活を送る上で必要な支援を行います。集団生活を送る上で必要な訓練を、障害児本人に対して行うことの他に、訪問先の職員などに対しても支援を行うことができる点に特徴があります。利用者の心身の状況などにより変わりますが、支援は2週間に1回程度の頻度で提供されます。

■ 障害児入所支援

　障害児入所支援とは、施設への入所により、必要な支援を行うサービスです。施設には福祉型（福祉型障害児入所施設）と医療型（医療型障害児入所施設）があります。福祉型では、重度・重複障害や被虐待児への対応を図る他、自立（地域生活移行）のための支援を行います。たとえば、食事・入浴・排せつなどの介護サービスや、身体の能力向上をめざして行われる各

種訓練、思ったことを適切に相手に伝えるためのコミュニケーションに必要な言語に関する支援などが挙げられます。医療型では、重度・重複障害への対応とともに、医療サービスの提供があわせて行われます。医療型においても、支援の目的は福祉型と異なるわけではなく、支援の内容に医療行為に相当するような行為が含まれる点に特徴があります。たとえば、食事介護において、経口による食事が困難な障害児に対して、胃や腸に直接的に栄養を注射するなどの介護が挙げられます。

障害児入所支援の対象に含む障害児は、基本的に、身体障害児・知的障害児・精神障害児であり、発達障害児も含まれます。ただし、各種手帳の有無などは問わず、児童相談所や医師の判断で、支援の対象に含めるべきだと判断された児童についても対象に含まれます。また、医療型においては、知的障害児、肢体不自由児、重症心身障害児を対象に、サービスが提供されます。

■ その他の障害児に対する支援サービスについて

2016年の障害者総合支援法改正により、多様化する障害児支援のニーズに対応し、きめ細やかな支援を提供していくため、障害児に関する体制が強化されています。それらの一環として、前述の「居宅訪問型児童発達支援」や「保育所等訪問支援」という新たなサービスが新設されました。さらに、障害児へサービスを提供するための体制が、計画的に構築されていくことを目的として、都道府県や市町村に障害児福祉計画の策定が義務付けられ、2018年4月から施行されています。

その他にも、人工呼吸器を装着している障害児など、日常生活を営むために医療を必要とする状態にある、医療的ケアを要する障害児（医療的ケア児）が適切な支援を受けられるよう、自治体が保健・医療・福祉等の連携促進に努めていくことも規定されています。

医療的ケア児

昨今の医療技術は目覚ましい進歩を遂げているが、その一方で、人工呼吸器や胃ろう、たんの吸引、経管栄養などの医療的ケアが日常的に必要になる障害児が年々増加している。このような医療的ケア児が、在宅生活を継続していくためには、保健・福祉・保育・教育などのさまざまな支援が相互に連携して提供されていく必要がある。地域における連携体制が構築され、実効性のある支援を実現していくことをめざしている。

障害児の日常生活に関する
相談

・・・

指定特定相談支援事業者に相談することができる

■ 障害児の日常生活に関する相談

　障害児（身体障害児、知的障害児、精神障害児）についても、大人の障害者と同様、指定特定相談支援事業者（市町村長が指定した相談事業を行っている事業者）が就学・就職・家族関係といった基本的な相談を受け付けています。

■ 障害児の障害福祉サービスに関する相談

　障害児に関する障害福祉サービスに関する相談支援の体系は、大きく居宅サービスに関する相談と通所サービスに関する相談に分けられます。

① 居宅サービスに関する相談支援

　居宅サービスに関する相談支援については、市町村の指定特定相談支援事業者が担当します。これは、障害者総合支援法に基づいてなされる支援です。具体的には、計画相談支援サービス利用に関する相談を受け付けており、相談するとサービス等利用計画を作成するなどの支援を受けることができます。障害児自身が相談を行うことができます。

② 通所サービスに関する相談支援

　通所サービスに関する相談支援は、障害児支援利用援助と、継続障害児支援利用援助に分類することができます。通所サービスに関する相談支援は、児童福祉法に基づく支援ですので、注意が必要です。

・障害児支援利用援助

　障害児支援利用援助とは、障害児が通所サービスの受給を申

障害児の相談支援

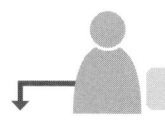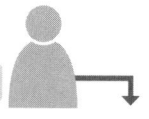

障害児

【障害者総合支援法に基づく】

指定特定相談支援事業者

基本的な相談
就学・就職・家族関係など

居宅サービスに関する相談

【児童福祉法に基づく】

障害児相談支援事業者

通所サービスに関する相談
・障害児支援利用援助
・継続障害児支援利用援助

請する時点で受けられる相談支援のことです。具体的には、児童福祉法に基づき設置される障害児相談支援事業者が、児童発達支援（障害児に対して身近な地域で行われる支援）や放課後等デイサービス（小学校・中学校・高校に通う障害児に対する支援）といった通所サービスの利用に関する相談を受け付けています。障害児相談支援事業者は、障害児や保護者の意向を聴きながら、まず、障害児支援利用計画案を作成します。

実際に通所サービスの支給決定がなされると、通所サービスを実施する事業者との間の連絡調整を行い、障害児支援利用計画書を作成することになります。

・継続障害児支援利用援助

継続障害児支援利用援助とは、障害児支援利用計画書の見直しに関する相談です（モニタリング）。つまり、ある程度の期間継続して、通所サービスを利用した後に、障害児の利用状況の見直しについて相談し、障害児相談支援事業者から、障害児支援利用計画案の変更などに関するアドバイスを行います。モニタリングは一定期間ごとに行う必要があります。

セルフプラン作成者に対する特例

障害児支援利用計画書は保護者などが作成する場合がある（セルフプラン）。セルフプランについては、モニタリングの対象から除かれる。

Column

地域活動支援センターの活動

　地域活動支援センターは、障害者に社会との交流を図る機会や創作的活動や生産活動を行う機会を提供するための施設です。地域活動支援センターを通じて、障害者は自立した日常生活や社会生活を送る上での援助を受け、社会との交流を図り、創作的活動などを行うことができます。また、地域活動支援センターでは、障害者の介護負担などが大きい家族への相談業務なども実施しています。

　地域活動支援センターの利用者は、市町村の裁量によって決められます。必ずしも障害支援区分認定などが必要ではありません。そのため、地域社会で暮らすすべての障害者や家族、知人が対象となり、利用者の幅は障害福祉サービスに比べて広くなります。

　地域活動支援センターにおける活動は、創作的活動、生産活動の機会の提供や地域の実情に合わせて提供される基礎的事業を行います。その上で、地域活動支援センター機能強化事業としてⅠ型・Ⅱ型・Ⅲ型の３つに分けて事業を実施しています。

　地域活動支援センターⅠ型は、相談支援事業、地域住民ボランティアの育成、専門職員の配置による医療、地域との連携強化のための調整、障害に対する理解を促進するための普及啓発活動を行うことを内容とした事業です。精神保健福祉士などの専門職員を配置する必要があります。地域活動支援センターⅡ型は、地域の中での就職が困難な在宅の障害者に対して、機能訓練や社会適応訓練、入浴など自立を促すための事業を行います。地域活動支援センターⅢ型は、地域の障害者が通うことのできる小規模作業所に対する支援を充実させるための事業を行います。具体的には、地域の障害者のための援護対策として地域の障害者団体などが実施する通所による援護事業の実績が５年以上の作業所に対する支援を行います。

PART 7

障害福祉サービス事業を開始するための法律知識

障害福祉サービス事業開始の手続き

事前に相談をしてから申請手続きを行う

■ 障害福祉サービス事業を始めるときの手続きの流れ

障害福祉サービスを提供する事業者となるためには、サービス事業者としての要件を満たした上で、都道府県知事（または政令指定都市や中核市の長）の指定を受けなければなりません。また、指定を受けた事業者は、6年ごとに更新の手続きをすることも必要です。この指定を受けている事業者のことを、指定障害福祉サービス事業者といいます。

事業者が、障害福祉サービスの提供を始めるためには、「サービス管理者等を配置する」「必要な設備や備品を備える」「運営規程を定める」などというように、人員・設備・運営に関する基準等を満たした上で、都道府県知事などに申請をしなければなりません。審査の結果、問題がないと判断されれば、指定を受けることができます。一方、問題があると判断された場合には、申請は却下され、指定は受けられないという結果になります。

申請の内容が法令に定められた基準を満たしていれば指定障害福祉サービス事業者として認められます。

■ 指定を受けるための要件

指定事業者になるためには、次の要件をすべて満たしている必要があります。

① 申請者が法人格を有していること

② 事業所の従業者の知識・技術、人員が省令で定める基準を満たしていること

③ 法律や指針で定める基準に従って適正な事業の運営ができ

認定されない場合もある

事業所で従事する人の知識が不足していたり、適正な福祉サービス事業の運営ができないという場合には、指定障害福祉サービス事業者として認定されないので、注意が必要。

指定について

事業の種類、事業者ごとに行われる。

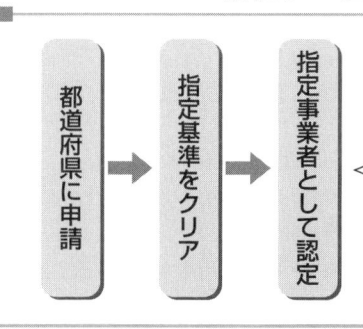

福祉サービスを提供したい場合

都道府県に申請 → 指定基準をクリア → 指定事業者として認定

● 障害者支援施設によるサービス
➡ 社会福祉法人に限定

● それ以外のサービスや相談支援事業
➡ 法人格（株式会社・NPO法人）があればOK

　ること
④　法律上の欠格事項（指定の申請前5年以内に障害福祉サービスに関し不正な行為や著しく不当な行為をした者など）に該当しないこと

■ 事業者が受け取る報酬のしくみ

　障害者総合支援法に基づく障害福祉サービスを提供した事業者は、サービス提供の対価として報酬を受け取ることになります。この事業者の受け取る報酬を算出するためには、まずは総費用額を計算する必要があります。そして、計算された総費用額のうち、サービスを利用した障害者が負担する能力に応じて自己負担する分（最大で1割）を除いた金額が、介護給付費または訓練等給付費として支給されることになります。

　各サービスの具体的な報酬の算定基準は、「障害福祉サービス費等の報酬算定構造」で定められています。この基準は、社会の要請に合わせて随時改定が行われています。最近では、2018年度に報酬の単価の基準となる地域区分の見直しが行われました。これにより、以前まで7区分であった地域区分が、1級地から7級地（20％〜3％）とその他（0％）の8区分に変更されました。

サービスを提供する事業者の種類

施設や相談支援などがあり、株式会社の形態で実施できる事業もある

■ 事業者にもいろいろある

事業者には以下の種類があります。施設や相談支援などの種類があり、法人形態を問わず、実施できるものもあります。

① 指定障害福祉サービス事業者

居宅介護（176ページ）、重度訪問介護（178ページ）などの障害福祉サービスを提供する事業者のことです。指定障害福祉サービス事業者は、事業の運営が適正に行われる体制を整備する必要があり、責任者の配置、法令順守規程の作成、外部監査の実施などが求められます。

② 指定障害者支援施設

障害者に対して、施設入所支援（198ページ）を行うとともに、施設入所支援以外の施設障害福祉サービスを行う施設のことです。ただし、のぞみの園（重度の知的障害者に対して支援を行う国の施設）や児童福祉施設は障害者支援施設には含まれません。

③ 指定障害児通所支援事業者

児童発達支援、医療型児童発達支援、放課後等デイサービス及び保育所等訪問支援（234ページ）を行う事業者のことです。

④ 指定障害児入所施設

障害児に対して、日常生活の世話や、社会生活で必要な技能・知識の教育を行う施設です。施設には医療型と福祉型があります。

⑤ 指定障害児相談支援事業者

障害児の心身の状況、環境、サービスの利用に関する意向などをふまえてサービスの利用計画（障害児支援利用計画）及び

法令順守規程

法令順守規程とは、事業者が行う事業内容が、障害者総合支援法などの法令に適合することを確保するために作成する規程をいう。日常的な業務運営にあたり、法令の遵守に必要な注意事項やプロセスを記載する。

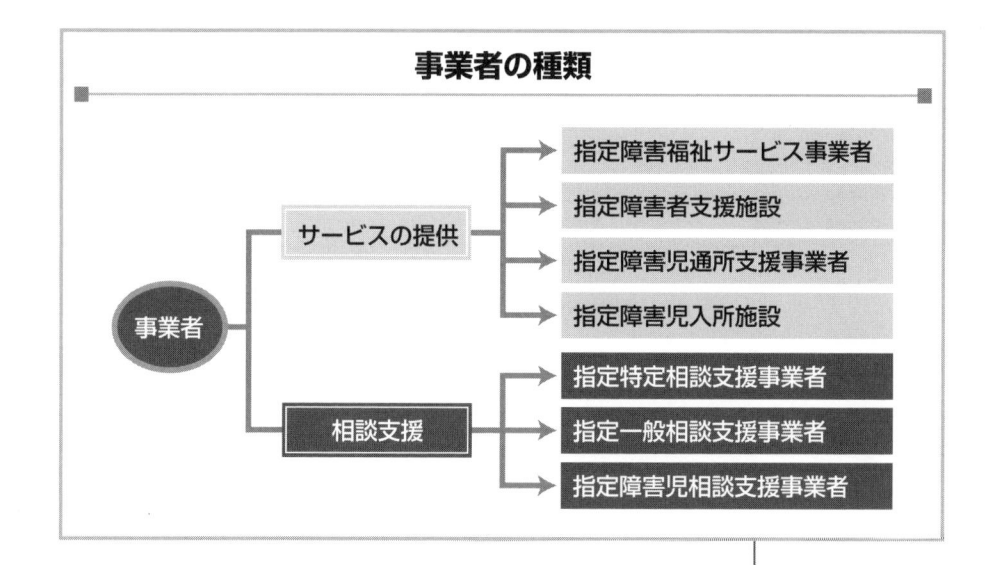

事業者の種類

- 事業者
  - サービスの提供
    - 指定障害福祉サービス事業者
    - 指定障害者支援施設
    - 指定障害児通所支援事業者
    - 指定障害児入所施設
  - 相談支援
    - 指定特定相談支援事業者
    - 指定一般相談支援事業者
    - 指定障害児相談支援事業者

その案を作成する事業です。

⑥　指定特定相談支援事業者

　基本相談支援（必要な情報の提供や助言）と計画相談支援（サービス利用支援）の両方を行う事業者のことです。

⑦　指定一般相談支援事業者

　基本相談支援と地域相談支援の両方を行う事業者のことです。地域相談支援とは、地域移行支援と地域定着支援のことです（216ページ）。地域移行支援を行う事業者を指定地域移行支援事業者、地域定着支援を行う事業者を指定地域定着支援事業者といいます。

　①～⑦のそれぞれについて、名称の最初につく「指定」とは、都道府県の指定を受けているという意味です。

　なお、①障害福祉サービス事業や③障害児通所支援事業、⑤～⑦の相談支援事業は、株式会社やNPO法人など法人形態を問わずに事業主になることができます。②障害者支援施設や④障害児入所施設は運営主体として国、地方公共団体、社会福祉法人などを想定していることがあるため、確認することが必要です。

事業者になるための基準

指定基準や最低基準を満たす必要がある

■ 指定基準と最低基準が定められている

　事業者が指定を受けるために必要となる基準には、「指定障害福祉サービスの事業等の人員、設備及び運営に関する基準」（一般的に指定基準と呼ばれています）、「障害福祉サービス事業の設備及び運営に関する基準」（一般的に最低基準と呼ばれています）などがあります。

　指定基準には、サービス提供の主体となる事業者が遵守すべきさまざまな事項が定められています。事業者がこれらの基準に従ってサービスを提供することにより、障害福祉サービスの質が一定以上に確保されることになります。重要事項に関する書面や領収証等の交付など、適切な事務処理が行われるための基準も定められています。

　また、最低基準には、施設の規模や施設全体の建築構造、職員の資格など、一定のサービスについて、適正な事業運営がされるために必要とされる基準（直接的には支援に関わらない部分についての基準）などについても定められています。

　指定基準や最低基準で設定されている内容は、サービスごとに異なっています。

　なお、事業の開設当初に過度の費用負担がかかることを避け、また、地域間の不公平にならないように、事務所などの直接サービスの実施に関わらない場所については、明文上の規定はされず、居室の面積や規程もサービスの質を維持する必要最小限でよいとされています。

　このように設備基準を厳格に定めなかった理由は、事業者の

事業者として指定されるために満たすことが要求されている基準

基　準	内　容
人員基準	サービス提供に直接必要になる職員についての基準。サービス管理責任者や、サービス提供責任者について規定している
施設基準	サービスを行う施設についての基準。サービスの質を維持するために最低限必要なレベルを要求している
運営基準	サービスの内容と提供する手順についての基準。利用者が負担する金額の範囲や虐待防止についての責務について規定している

新規参入を促し、従来の基準では必要な面積が確保できなかった地域でもサービスを提供できるようにするためです。

　地域によっては、空き教室や空き店舗などを利用するようになれば、設備の有効利用もできますし、地域の活性化につながる可能性もあります。

■ 人員基準・設備基準・運営基準の特徴

　障害者総合支援法に定められている障害福祉サービスを提供したい事業者は、一定の基準をクリアして、指定事業者として認められなければなりません。基準には、人員基準・設備基準・運営基準の3つがあります。居宅介護、生活介護、自立訓練、施設入所支援、共同生活援助などさまざまな障害福祉サービスがありますが、それぞれに3つの基準の内容は異なります。しかし、下記のような考え方は共通しています。

① 障害福祉サービスを提供する際には、障害種別にかかわらず、共通の基準とすること

② サービスの質を向上させるため、サービス管理責任者などを配置することとし、虐待防止などの責務を明確化すること

③ 利用者に対して安全なサービスを行うために必要な面積の

事業者・施設が廃業などをする場合の義務

事業者・施設が廃業などをする場合、利用者が継続的にサービスを利用することができるように、他の事業者や施設と連絡調整や事業者の紹介・あっせんなどを行う義務を負う。

区画、設備、備品を設けること、また、身近な地域で利用者のニーズに応じたサービスを提供するため、多機能型の施設も設置可能とすること

質の高いサービスをより低コストで、一人でも多くの人に提供できるよう、区分・内容・定員・達成度に応じて報酬が設定されています。

たとえば、最低基準や指定基準により、療養介護では医師・看護職員・生活支援員・サービス管理責任者を置く必要があります。これと同じように、他の生活介護や短期入所といった支援制度の中でも、それぞれ具体的に人員基準について規定されています。

生活介護を行う場合も同じように、医師・看護職員・生活支援員・サービス管理責任者を置かなければなりません。設備についても最低基準や指定基準により、訓練室・作業室・相談室・洗面所・便所を設ける必要があることが決められています。

他にも、自立訓練（機能訓練）を行う場合には、管理者・看護職員・理学療法士・作業療法士・生活支援員・サービス管理責任者を配置しなければなりません。これらの決まりについては、最低基準と指定基準の両方に規定されているので、両方の規程を参照する必要があります。

施設系事業では、人口規模が小さいところも、地域の特性と利用者の状況に合わせ、複数のサービスが一体となった運営を行う多機能型が認められています。このことにより、利用者は自分のニーズに合わせて複数のサービスを受けることができます。ただし、事業者の指定は、6年ごとの更新が必要な他、指定の取消しがなされることもあります。指定が取り消されるのは、自立支援給付費の不正請求や検査の拒否といった事由がある場合です（障害者総合支援法50条）。

■ 事業者としての指定を受けることができない場合

指定障害福祉サービス事業者は、障害者が自立した生活を営

むことができるように努めなければなりません。そのために、障害者の意思決定の支援に配慮するとともに、市町村、公共職業安定所、教育機関などとの連携を図りつつ、常に障害者等の立場に立って、適切なサービスを提供するように努めなければなりません。そのため、サービスを提供する事業者としてふさわしくないと判断された事業者は、障害福祉サービス事業者としての指定を受けることができません。

　事業者がこうした欠格事由に該当している場合、利用者に対して、安心・安全な生活を実現させるためのサービスを提供することができないと判断されますので、指定申請をしても却下されてしまうことになります。

　その他にも、指定を受けようとする事業者は、障害者総合支援法に基づく基準等と関連のあるさまざまな規程（たとえば、建築基準法、消防法、障害者虐待防止法、障害者差別解消法、労働基準法など）についても、遵守していることが求められます。

　なお、指定を受けた後にも、指定障害福祉サービス事業者が、給付の不正受給を行うなど、不正行為が認められた場合には、指定の取消しや、指定期間更新拒否の対象になります。指定の取消しや更新の拒否の判断にあたっては、連座制がとられていることに注意が必要です。連座制とは、指定の取消しや更新拒否の対象になっている事業者について、グループ企業などで不正行為への加担が認められる場合に、そのグループ企業についても、同様に指定の取消しや更新拒否が行われることです。かつては、不正行為への加担の有無を問わず、不正行為を行った事業者のグループ企業などにあたる場合には、一律指定取消しや更新拒否の対象になっていました。しかし、規制があまりにも厳しすぎることから、現在では、立入検査などによって、組織的関与の有無を判断した上で、組織的関与が認められるグループ企業などについてのみ、連座制が適用されています。

労働法令に対する違反

労働法令に違反し、罰金刑を受けた事業者は、拒否事由に該当し、事業者としての指定を受けることができない。

サービス管理責任者

責任の所在を明確にするために配置される

■ サービス管理責任者はどんな仕事をするのか

　障害福祉サービスを提供する事業者において、利用者の初期状態を把握した上で、達成すべき目標を設定し、定期的なサービスの評価を行う者のことをサービス管理責任者といいます。

　事業所は、サービス管理責任者を事業所ごとに配置しなければなりません。サービス管理責任者は、専任の者でなければなりません。サービス管理責任者の配置基準は、事業所の種別に合わせて設定されています。療養介護、生活介護、自立訓練、就労移行支援、就労継続支援を行う事業所では、利用者60名に対して1名の管理責任者の配置が必要です。

**共同生活援助を
行う事業所の場合**

利用者30名に対して
1名の管理責任者を配
置する。

　サービス管理責任者の具体的な仕事としては、①サービス開始前の考慮事項の把握、②到達目標の設定、③個別支援計画の作成、④継続的利用、⑤終了時の評価、といったものがおもな内容となっています。

　サービス管理責任者以外の人員については、提供するサービスを維持するために必要な職員に限定して、事業ごとに設定されています。

　サービス管理責任者の仕事は、障害の特性や障害者の生活実態に関して豊富な知識と経験が必要であり、個別支援計画の作成・評価を行える知識と技術がなければ務まりません。そのため、サービス管理責任者になるためには、実務要件や研修要件を満たす必要があります。

サービス管理責任者になるための要件

実務要件 障害者の保健や医療などの分野における支援業務の実務経験（1〜8年）

+

基礎研修
　①相談支援従事者初任者研修、
　②サービス管理者責任者等研修を受講
（新規創設）実践研修
　サービス管理責任者等実践研修を受講

+

（新規創設）
専門コース別研修

※必要に応じて受講、必須
　ではない

サービス管理責任者として配置

（新規創設）更新研修 サービス管理責任者等更新研修を5年毎に受講

※すでに旧体系の要件を満たしている場合は、基礎研修受講後にサービス管理責任者として配置を認めるなど経過措置がある

■ サービス管理責任者の実務要件と研修要件とは

　2019年4月から、サービス管理責任者の研修要件が変更されました。これまであった相談支援従事者初任者研修やサービス管理責任者等研修の見直しを行い、基礎研修として位置付けました。さらに、新たに創設されたサービス管理責任者等実践研修を受講することで、サービス管理責任者として配置されます。サービス管理責任者を続けていくためには、5年毎にサービス管理責任者等更新研修も受講しなければなりません。基礎研修に加えて、実践研修や更新研修を行うことで、知識や技術の更新を図りながら、実践を積み重ね、段階的なスキルアップを図ることができます。一方で、実務要件は緩和され、たとえば、直接支援業務10年が8年に短縮され、資格者の場合は相談、直接支援業務が3年から1年に短縮されています。

　新体系への要件変更があったため、すでに旧体系の要件を満たしている者は、基礎研修受講後にサービス管理責任者として配置を認めるなど経過措置が実施されます。

事業者の法定代理受領制度

市町村からサービス費用が事業者に直接支払われるしくみ

■ どんな制度なのか

　法定代理受領とは、サービスの利用者が事業者などからサービスを受けたときに、利用者が事業者に支払う費用について、市町村が、利用者の代わりに事業者に支払う制度です（障害者総合支援法29条）。事業者に支払われる費用は介護給付費または訓練等給付費として支給される金額が上限額となります。

　法定代理受領制度は、利用者・事業者双方にとってメリットの大きな制度といえます。まず、利用者側のメリットについて見ていきましょう。利用者が事業者から障害福祉サービスを受けたときには、当然ながら、利用者はサービスの利用料を事業者に支払わなければなりません。仮に利用料の全額をサービス提供事業者に支払わなければならない場合、いったん障害者がかかった費用の全額を事業者に支払い、市町村に対して、給付申請を行うことによって、後から返還してもらうことになります。このような場合、一時的に利用者の負担は重くなり、サービス利用を自ら制限するようになると、本来、自立に向けての障害福祉サービスの役割が果たされなくなる可能性があります。

　これに対して、法定代理受領制度では、市町村が、介護給付費または訓練等給付費に相当する費用を利用者ではなく、サービス事業者に支払うことになります。そのため、利用者はサービス利用時点で、自己負担額を超える分の利用料を支払う必要がありません。

　事業者の立場からすると、本来の流れに沿った場合には、サービス提供時点において、重い金銭負担がかかる障害者から、

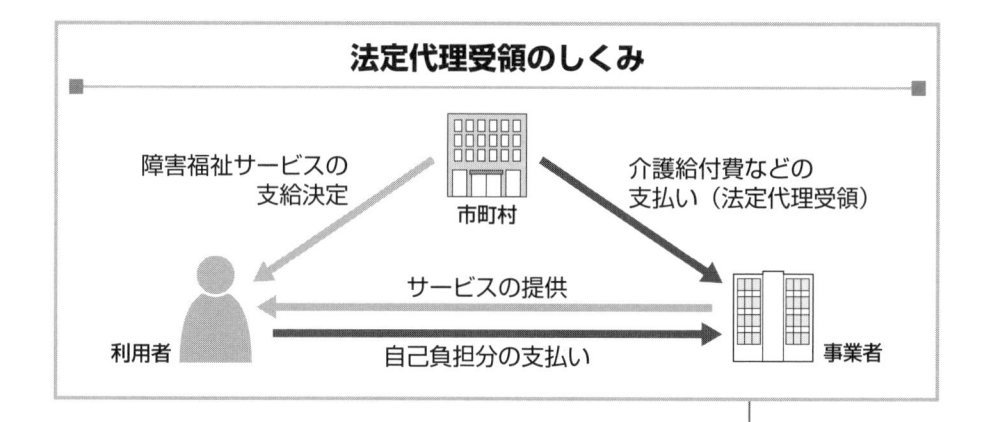

法定代理受領のしくみ

障害福祉サービスの
支給決定

市町村

介護給付費などの
支払い（法定代理受領）

サービスの提供

利用者

自己負担分の支払い

事業者

確実にサービス料の支払いを受けることができるのかが懸念されます。ましてや、後に自己負担額を超える金額について、障害者に支給されるといっても、障害者に手渡された金額が、確実に事業者へのサービス利用料の支払いに充てられるという保証もありません。そのため、法定代理受領制度を利用すれば、直接、事業者に対して給付額が手渡されるしくみですので、事業者は確実に費用を受け取ることができます。

　法定代理受領は、利用者・事業者双方にメリットがある制度ですが、本来利用者に支払われるべき給付を事業者に支払うしくみになるため、制度を利用する際には利用者の同意が必要です。各市町村で手続き、契約書や同意書の様式について定めている可能性があるため、自治体に確認する必要があります。

　法定代理受領の具体的な流れとしては、まず、指定事業者や相談支援事業者が、1か月間に利用者に提供したサービスや相談支援の請求書を、当該月末に作成します。作成した請求書は、翌月初旬の締め切り日までに市町村に提出します。市町村は、提出された請求内容を精査して、問題がなければ事業者に介護給付費などを支給します。なお、実際の事業者からの請求や事業者への支払手続きは、国民健康保険団体連合会が市町村の委託を受けて行います。

支給の精査

現在では市町村は、支給の精査についても、国民健康保険団体連合会に委託することが認められている。

【監修者紹介】
若林　美佳（わかばやし　みか）

1976年神奈川県生まれ。神奈川県行政書士会所属。平成14年行政書士登録。相武台行政書士事務所（平成22年2月に行政書士事務所わかばに名称を変更）を設立。病院勤務等の経験を生かし開業当初から、福祉業務に専念し、医療法人・社会福祉法人設立等法人設立を主要業務としている。また、福祉法務に関するエキスパートとして地域の介護支援専門員等との交流を深め、福祉ネットワークを組んでいる。介護保険分野では、多くの介護サービス事業所や特別養護老人ホーム設置等を手がけ、創業・運営についてコンサルティングも行っている。また、株式会社大樹苑の代表取締役に就任し、住宅型有料老人ホームの経営も行っている。
監修書に『図解とQ&Aでスッキリ！　障害者総合支援法のしくみ』『介護保険・障害者総合支援法のしくみと疑問解決マニュアル129』『社会保障・介護福祉法律用語辞典』『介護施設の法律問題・施設管理マニュアル』『介護施設・高齢者向け住宅のしくみと疑問解決マニュアル』『よくわかる障害者総合支援法』『四訂 福祉の法律と手続きがわかる事典』『障害者総合支援法と支援サービスのしくみと手続き』『障害福祉サービスと申請手続きマニュアル』『入門図解　最新　介護保険【サービス・費用】と介護施設のしくみと手続』（小社刊）などがある。

行政書士事務所 わかば
http://www.mikachin.com/kaigoindex

図解で早わかり
共生型サービスにも対応！
介護保険・障害者福祉のしくみ

2019年11月30日　第1刷発行

監修者　　　若林美佳
発行者　　　前田俊秀
発行所　　　株式会社三修社
　　　　　　〒150-0001　東京都渋谷区神宮前2-2-22
　　　　　　TEL　03-3405-4511　FAX　03-3405-4522
　　　　　　振替　00190-9-72758
　　　　　　http://www.sanshusha.co.jp
　　　　　　編集担当　北村英治
印刷所　　　萩原印刷株式会社
製本所　　　牧製本印刷株式会社
©2019 M. Wakabayashi Printed in Japan
ISBN978-4-384-04829-2 C2032